아내에게 바치는 1778가지 이야기

아내에게 바치는 1778가지 이야기

마유무라 다쿠 지음 임정은 옮김

TSUMA NI SASAGETA 1778 WA by MAYUMURA TAKU

Copyright © 2004 MAYUMURA TAKU
Korean translation copyright © 2011 DAVAN. All rights reserved.

Original Japanese language edition published by SHINCHOSHA Publishing Co., Ltd.
Korean translation rights arranged with SHINCHOSHA Publishing Co., Ltd through
DANNY HONG AGENCY.

차례

매일 한 편씩 · 7

투병 5년 · 19

하루 한 편: 첫 번째 · 35
   14일 소음 흡수판 · 40
   101일 모조품 여름 · 44
   224일 오래된 동전 · 49

신제新制 중학교 · 57

아내와 나 · 67

하루 한 편: 두 번째 · 93
   898일 어느 서평 · 95
   1098일 다이라링·그 외 · 101
   1116일 매미가 되다 · 106

1242일 배춧잎이 훨훨 112
1347일 강수시대 118
1449일 서재 124

하이쿠 137

하루 한 편: 세 번째 149

1563일 기념품 가게의 인형 151
1577일 형 이야기 157
1592일 초읽기 165
1640일 영화관의 공터 173
1680일 듣고 그냥 잊어버리세요 178
1719일 웰컴 거리 184
1752일 한밤중의 담배 189

비상非常과 일상 199

하루 한 편의 끝 211

1775일 이야기를 읽어 주다 215
1777일 오늘도 쓴다 219
1778일 「마지막 회」 225

조금 긴 후기 231

매일 한 편씩

***

아내의 1주기를 눈앞에 둔 어느 날, 배우자를 여읜 지 시간이 꽤 흘렀다는 어떤 여성이 내게 이런 이야기를 해 주었다.

"남편이 죽고 나서 충고를 해준 사람이 있었어요. 앞으로 1년 동안은 새로운 일을 시작하면 안 된다고요. 판단을 그르칠 게 틀림없다면서요. 정상 상태가 아니라서 그렇대요. 나중에 생각해 보니 그 말이 정말 맞구나 싶더라고요."

과연 그렇다고 지금의 나도 생각한다. 아내의 죽음 이후를 돌이켜 보면 그 말이 틀리지 않았던 것 같다.

한편으로 정상 상태가 아니라고 한다면, 나의 경우 아내가 수술하고 입원한 다음부터 이미 이상했던 것 같기도 하다(원래 이상했다고 하는 사람이 있을지도 모르겠지만). 그리고 지금 이 시점에서도 그 상태를 부정할 마음은 없다. 그때 역시 그 나름대로 나에게 있어 하나의 의미 있는 시기였다고 생각하기 때문이다.

1997년 6월 12일, 기차를 타고 귀향하던 나를 안내 방송이 호출했다. 아직 남녀노소 누구나 휴대 전화를 사용하던 시대는 아니었고 나 역시 가지고 있지 않았다. 단골 병원인 K 병원을 2대째 운영하는 젊은 의사 선생에게서 온 연락이었다. 아내는 그 전날부터 복통을 호소하다가 K 병원에 간 참이었다. 젊은 의사 선생의 말에 따르면 맹장염 같으니 바로 개복 수술을 해야 한다고 했다. 그래서 아버지 원장 선생이 차로 덴노지天王寺에 있는 오사카 철도 병원으로 옮겨 입원시켜 주셨다는 것이었다.

철도 병원에 들렀다가 일단 집에 돌아가 입원 생활에 필요한 물건을 챙겨 갔는데, 수술은 예정보다 길어졌는지 아직 끝나지 않은 상태였다.

이윽고 마취가 덜 깬 아내가 잠든 채 병실로 실려 왔다. 나는 집도의 마쓰이 스구루 선생에게 아내가 진행성 악성

종양이라는 선고를 들었다. 그날 밤 처음 만난 마쓰이 선생에 따르면, 종양이 발견된 곳은 소장이지만 복막에도 전이되어 있기에 발생지는 대장으로 여겨진다고 했다. 봉합 부전은 일어나지 않는다고 하더라도, 확실히 말해 주지는 않았으나 남은 목숨은 1년 남짓이라는 것 같았다. 5년 뒤 생존할 가능성은 제로라고 했다.

처음에는 현실로 느껴지지 않았으나, 현실인 것은 자명했다. 다음 날 아침 도쿄에 사는 외동딸도 고향으로 내려왔다. 아내의 입원 생활이 시작되었다.

마쓰이 선생의 권고도 있었기에 나는 아내에게 남은 목숨이 1년 남짓이라는 것은 숨기고 대략적인 상황만 이야기하기로 했다.

수술 이후의 경과는 순조로웠다. 7월 초에는 퇴원했고, 건강에 주의하며 일상생활을 하는 한편 통원 치료를 받게 되었다.

나로서는 아내를 신체적, 정신적으로 고생시키지 않기 위해 노력하는 것 외에 할 수 있는 일이 없었다. 아내와 상담하여 이른바 건강식품을 섭취하게 했고, 시간이 조금 지난 뒤에는 예전부터 암 투병 중이었다는 동료 SF 작가 미쓰세 류 씨가 자신이 복용하는 다른 건강식품을 보내 주셔서 그것도 같이 먹게 되었다(미쓰세 씨는 1999년 7월에 고인이 되었는데, 아내의 바람도 있고 해서 함께 영결식에 참석하였다). 그러나 이러한 건강식품이 얼마나 효과가 있었는지는 알 수 없다. 당연한 말이지만 의지할 곳은 병원과 마쓰이 선생 이외에는 없었던 것이다.

아내가 퇴원하고 나서 나는 생각했다.

무엇이든 내가 할 수 있는 일이 없을까?

이때 떠올린 것이, 매일 짧은 이야기를 써서 아내에게 읽히는 것이었다.

글의 힘은 하늘도 움직인다고 하지만, 물론 나는 내가 쓴 글에 그런 힘이 있다고 믿지는 않는다.

다만 암의 경우 매일 명랑한 마음을 가지고 많이 웃으면 몸의 면역력이 증가한다는 말을 들은 적이 있었다.

아내의 병이 발견된 뒤 나는 외박해야 하는 용무는 가능한 한 거절하고 써야 할 원고의 양도 최소한으로 줄이도록 노력하고 있었다. 되도록 같이 있으면서 병간호를 거들기 위해서는 그렇게 할 수밖에 없었던 것이다. 일주일에 두 번 오사카 예술대학교에서 하는 강의가 있기도 했다.

그러나 아내 입장에서는 자기 때문에 내 일에 악영향이 미치는 것이 부담스러웠을 것이다. 날더러 글을 더 많이 써야 하지 않느냐고 했다.

그렇다면 원고료는 들어오지 않더라도 아내를 위해 재미있는 이야기를 쓰면 어떨까? 상황에 따라서는 매체에 실려 수입으로 이어질지도 모른다. 이제까지 쇼트 쇼트 스토리(short-short story, 짤막한 단편 소설)는 적지 않게 쓴 적이 있으니, 매일 계속해서 이야기를 쓸 자신도 있었다.

쓰면 읽어 줄 것인지를 물어보자, 원래 책을 좋아하는 아내는 읽겠다며 고개를 끄덕였다.

그리하여…… 7월 16일부터 이야기 쓰기를 시작한 것이다.

아내가 입원하고 수술한 날부터 세어 보면 한 달 이상 지난 시점이었다. 당초에는 경황이 없었기도 했고, 그런 생각을 할 여유를 가질 엄두가 안 나는 형편이었다. 아내의 상태가 어느 정도 안정되었기에 비로소 해봐야겠다는 생각이 들었다고 할 수 있겠다.

병든 아내 한 명을 독자로 삼는 만큼, 나는 앞으로 쓸 이야기에 대해 스스로 규칙을 만들기로 했다.

우선 매수가 문제였다. 긴 글을 쓸 정도의 시간은 없으니 짧아질 수밖에 없다. 그렇다고 해서 허둥지둥 쓰느라 성의가 없어지는 것은 싫었기에, 4백자 원고지 3매 이상은 쓰기로 했다(실제로는 1편당 평균 약 6매가 나왔다).

에세이를 쓸 것이 아니라, 반드시 이야기를 만들기로 했다.

당연한 일이지만, 나 역시 가족끼리만 읽고 마는 형식적인 글은 쓰고 싶지 않았다. 한 편 한 편이 상업지에 실려도 괜찮을 법한 수준을 유지해야겠다고 생각했고, 아내에게도 그렇게 할 것이라고 선언했다.

환자의 신경을 거슬리게 할 이야기는 쓰지 않기로 했다. 병, 사람의 죽음, 심각한 문제, 추상적인 설교, 전문 용어 남발, 이야기상의 효과를 노리기 위한 불쾌한 시점은 피할 것이었다.

한편 로맨스나 에로틱한 내용, 불륜 이야기 등도 쓰지 않기로 했다(본디 내 적성에 맞지 않는다).

이야기가 보편성을 지닐 수 있게끔 고유 명사 등은 웬만하면 쓰지 않고, 알파벳 ABC를 차례대로 사용하다 C까지 쓰면 다시 A부터 시작하기로 했다. 다만 딱히 의미가 없는 이상한 고유 명사는 이야기에 독특한 맛을 부여하므로, 꼭 여기에 따르지 않을 때도 있었다.

꿈 이야기나 황당무계한 이야기라도 상관없지만, 이야기 속에는 반드시 일상과 이어지는 부분이 있도록 신경을 쓰자.

젊은 사람이 읽기에는 재미가 없어도 괘념치 말자.

이 정도였다고 기억한다.

규칙이 이만큼이나 될 경우 아무래도 짧은 단편 소설로서 쓸 수 있는 내용에는 제한이 생기지만, 그래도 상관없지 않은가. 엽편 소설이라도 좋고, 콩트라도 좋다. 제약 속에서 내가 얼마나 할 수 있을지 도전하는 것이다. 오히려 의욕이 끓어오르는 느낌이었다.

그리고 가장 중요한 것은, 읽고 아하하 하고 웃음을 터뜨리거나 빙긋 미소 지을 수 있는 이야기였으면 좋겠다는 것이었다.

이제 와서 돌이켜 보면 이러한 규칙을 끝까지 제대로 지켰느냐고 물었을 때 그러지는 못했다고 대답할 수밖에 없다. 특히 아내가 의식이 흐릿해지고 내가 머리맡에서 이야기를 읽어 주게 된 뒤, 그리고 결국 듣는 것도 어려워진 뒤부터는 규칙을 걷어치워 버렸다.

시작한 뒤 석 달 정도 지났을 무렵이었을까?

"힘들면 그만해도 돼."라고 아내가 말했다.

"불공을 드리는 거랑 비슷해."하고 나는 대답했다. 중단하면 병세가 악화될 것 같은 느낌이 들었던 것이다.

내가 쓴 글에 대한 아내의 반응은 예상했던 대로일 때도 있었지만 의외의 반응이 돌아올 때도 적지 않았다. 폭소할 것이라고 기대했는데 살짝 쓴웃음만 짓기도 했고, 내가 전혀 생각지도 못한 내용을 연상해서 말해 주기도 했다. 그리하여 나는 이렇게 오랫동안 함께 살아왔는데도 아내를 제대로 몰랐던 것은 아닌가……하는 것을 종종 뼈저리게 느끼곤 하였다.

이와 더불어 스스로 세운 규칙을 고려하며 이야기 만들기를 궁리하면서 쓰는 내용은 점차 바뀌어 갔던 것 같다. 100개, 200개 이상의 아이디어를 이미 가지고 있었고 떠오른 아이디어를 매일 메모하기도 하였으나, 내 안에 있었던 무언가가 서서히 보이기 시작하는 한편 하나하나를 어떻게 비틀어 볼까, 새로운 스타일은 없을까, 이런 방식도 써볼 만하지는 않을까, 하고 점점 머리를 싸맬 수밖에 없게 된 것이다. 발상 자체도 이전에는 생각지도 못했던 것들이 나오기도 했는데, 당시에는 자각하지 못했으나 처음과는 점차 달라지고 있었다는 생각이 든다.

아내의 병과는 관계없는 내용을 쓰려고 했으나, 역시 병세의 변화 및 진행과 전혀 관계가 없을 수는 없었던 것도 사실이리라.

그러나 이야기를 쓰는 내내, 이상한 일이기는 하지만, 나는 하루에 한 편 쓴다는 것을 (시간을 융통하느라 발을 동동 굴렀던 적은 있어도) 힘들다고 생각한 적은 한 번도 없었다. 해야 할 일을 하고 있다는 보람 비슷한 것을 느끼기까지 했다. 어떻게 생각하면 **글쓰기를 통해** 현실로부터 도피하고 있었던 것일지도 모르겠다.

투병 5년

***

　퇴원 후, 아내의 병세는 안정 상태로 접어들었다. 겉보기에는 이제까지와 똑같은 매일이었다. 같이 외식하러 갔을 때 아내는 "나야 워낙에 태평하잖아."라는 말을 하기도 했으나, 아무래도 시무룩해 보이는 것이 사실이었다. 그렇다고 해서 함부로 힘내라는 말을 연발하는 것도 역효과를 부를 것 같았기에, 병원에서 받은 진찰과 검사 결과를 열린 마음으로 받아들이면서 최선을 다하는 한편으로 평상시와 같은 생활을 계속하였다.

　주치의 마쓰이 선생은 기분을 달래려는 인사치레는 입에 담지 않는 대신, 상황을 설명함으로써 안심시켜 주기도 하고 격려하거나 주의 사항을 알려 주기도 했다. 농담을 잘하는 분이라 아내를 웃기기도 하면서 최근 치료법에 대한 정보도 가르쳐 주셨다. 아내는 믿을 수 있는 좋은 선생님을 만났다면서 좋아했다. 나와 딸도 마찬가지였다. 마쓰이 선생 덕에 얼마나 기운을 많이 차렸는지 모른다. 지금도 선생에게는 감사하고 있다. 그런 선생님을 만난 것은 행운이었다고 생각한다.

8월에는 가족끼리 해수욕장에 가기도 했다.

나는 매일 이야기를 썼다. 원고는 만년필로 쓴 손 글씨였고, 수정한 흔적 없이 정서正書하였다. 완성품으로서 읽히길 바랐기 때문이다. 원고의 말미에는 쓴 연월일을 기재했다.

이것에 대해 나는 여러 사람들에게 이야기했다. 요새 뭐하고 지내나, 어떤 것을 쓰고 있나 하는 질문을 받으면 있는 그대로 대답할 수밖에 없었던 것이다. 아내가 모처럼 쓴 원고인데 매체에 실을 수는 없느냐고 하기도 했고, 나 역시 팔리지 못할 만한 글을 읽히고 있다는 느낌은 주고 싶지 않았기에 기회만 생긴다면 발표하고 싶다는 마음은 있었다.

어느 출판사로부터 어떤 글인지 볼 수 있겠느냐는 청이

있어 나는 100편 이상이 된 원고를 보여 주었다. 하지만 우리 회사는 팔 자신이 없다는 말과 함께 원고가 돌아왔다. 나로서도 당연히 그런 짧은 이야기, 게다가 제한이 덕지덕지 붙은 작품이 그리 쉽게 활자화될 리는 없다고 내심 생각하고 있었기에 예상대로군, 하고 낙담했다.

그러나 그 해가 저물어 갈 무렵 이번에는 다른 출판사인 '출판예술사'의 사장 하라다 유타카 씨가 어느 회합 자리에서 내 이야기를 듣고서 읽어 보고 싶다고 해주었다. 하라다 씨는 도토쇼보東都書房[1]에 계시던 1963년에 나의 첫 장편 소설을 출간해 주신 분이다.

해가 바뀐 1998년, 나는 그때 200편이 넘는 원고를 복사한 뒤 돌려주어야 한다는 약속과 함께 출판예숟사에 보냈다(원본은 전부 내 곁에 두고 싶었기 때문인데, 그 결과 지금도 전부 방 한구석에 쌓여 있다).

하라다 씨에게서 재미있으니 발췌 형식으로 책을 내보자는 전화가 왔다. 나보다도 아내의 기쁨이 더욱 컸던 것 같은 기억이 난다.

---

1. 현재는 없어진 고단샤(講談社)의 자회사. 본문에 언급된 마유무라 다쿠의 첫 장편 소설 『불타는 경사(傾斜)』를 비롯한 SF 소설, 미스터리 소설을 주로 출간하였다. – 이 책에 나오는 모든 주석은 역주임.

제목은 『날마다 한 편』으로 하기로 했다. 200편 중에서 49편을 골라 1998년 5월 20일자로 출간하였다.

그때는 시간이 흐른 만큼 작품이 더 많이 쌓여 있었는데, 하라다 씨는 두 번째 권을 내겠다는 결단을 내려 주셨다. 두 번째 권에는 전권에서 생략했던 것도 더해, 1998년 7월 8일의 368번째 이야기 「아주 작은 명함」까지 포함한 이야기 중에서 47편을 뽑아 수록하였다.

이 『날마다 한 편』, 『날마다 한 편 두 번째 권』을 내는 데 있어, 출판예술사는 당연하게도 단편으로서의 완성도와 재미를 기준으로 작품을 선정했다.

하지만 그렇다고 하더라도, 앞에서도 언급했지만 그런 단편집이 팔릴 만한 시대가 아니었다. 더욱이 제한이 덕지덕지 붙어 있는 데다 60대의 아내를 위해 쓰인 글이 이렇다 할 관심을 받지 못하는 것은 어쩔 수 없는 현상이다. 하라다 씨는 불치병에 걸린 아내를 위해 매일 이야기를 쓰고 있다는 것을 더 내세우라고 해주었지만, 그때의 나는 아내의 병으로 장사하는 것 같은 느낌이 들어 그러지 못했다. 마침 그즈음에 어느 여성 주간지에서 미담 기사로 쓰고 싶다며 취재를 요청한 것을 외면한 일도 있었다. 한편 이 일을 안, 입이 거친 학창 시절 친구들이 "네가 그렇게까지 하다니, 아내한테 나쁜 짓을 꽤 했나 보지?"라며 놀리기도 했고, 또 어느 문인이 웃으면서 "이건 주변인들한테 퍽 민폐를 끼치는 책이로군요?"라고 했던 것도 내 마음에 영향을 끼쳤던 것 같다.

내가 하고 있는 일을 아내 사랑의 미담으로 보는 것도 가능할지 모른다. 그러나 동시에 주위를 의식한 퍼포먼스로 치부당할 우려가 있는 것도 사실이다. 하여튼 나로서는 스스로 할 수 있는 일이 아무것도 없는 데서 나오는 발버둥이자 미련이라는 느낌이 있었다. 그래서 있는 그대로를 보이기 어려웠고, 타인의 평판을 신경 쓸 여유도 없었던 것이다.

이 『날마다 한 편』은 신문에 소개되기도 했다(이때 산케이 신문 기자가, 내가 불공을 드리는 것과 비슷하다고 했던 것을 천일기도 봉행에 비유하여 써주었다. 나는 천일까지 아내가 버틸 수 있을까 하고 생각하면서도 그렇게 써준 것이 기뻤다). 그리고 나중에는 『날마다 한 편』, 『날마다 한 편 두 번째 권』에 들어 있지 않은 작품을 산발적이지만 이런저런 매체에 발표할 기회도 있었다. 고마운 일이라고 여기고 있다.

 아내의 몸 상태는 나쁘지 않았다. 1998년 당시에는 해수욕을 가기도 했다. 마쓰이 선생에 따르면 암의 성장 속도가 느리다고 했다. 이 상태로 잘만 가면 암과 공존하면서 오래 견딜 수 있지 않을까 하는 말도 나왔다. 암이란 결국 몸의 일부이기에, 무리하게 억누르려고 하기보다 적당히 달래서 그 존재를 허용하며 커지지 않도록 함으로써 공존을 꾀하는 것이 좋다(이것은 어쩐지 국가와 반체제 세력의 관계와도 닮은 것 같다고 나는 생각했는데, 어떨까?). 그런 이야기를 읽기도 하고 남에게 듣기도 했다.

 이런저런 문제가 생기기도 했으나 아내의 병세는 기본적으로는 안정되어 있었다. 다음 해인 1999년 5월에는 둘이서 영국으로 짧은 여행을 다녀왔다. 해외에 갈 수 있을 때 가놓자는 취지였지만, 이런 상태라면 당분간은 괜찮지 않을까 하고 생각했던 것은 부정할 수 없다.

 그러나 7월이 되자 작은 절제 수술을 받게 되었고, 8월 하순에는 장폐색 증상이 일어나 대수술을 하게 되었다. 수술 후 한동안은 물도 마시지 못하는 채 9월 하순까지 입원해야 했다.

그럭저럭 수술을 이겨 낸 아내는 그래도 퍽 기운이 있었다. 침대 머리맡에서 내가 "꽃다발이라도 사서 놓을까?" 하고 말한 데다 대고, "꽃다발도 식후경이지!"라고 대답하여 다 같이 웃음을 터뜨린 적도 있었다.

그러던 사이에도 시간은 지나……나는 하나의 결심을 굳히기 시작했다.

이제까지 쓴 짧은 이야기를 전부 책으로 만들자.

출판해 줄 곳이 없으리라는 것은 알고 있다.

자비 출판이라도 좋다.

모아 둔 돈이 그리 많지는 않지만, 출판을 위해 다 써버려도 상관없다. 나중 일은 어떻게든 될 터이다.

그 책을 우리 가족을 염려해 주시는 분들에게 보내는 것이다.

고등학교 시절 같은 하이쿠俳句[2]부에 있었던 선배 다나카 요시오라는 사람이 있는데, 형제가 함께 신세이 인쇄라는 인쇄 회사를 꾸리고 있었다. 고등학교 1학년 시절 처음 방문했을 때는 7명이 일하는 인쇄소였으나 지금은 빌딩 한 채를 가진 어엿한 기업이 되었다. 다나카 요시오 씨는 공

---

2. 5-7-5의 3구, 17음의 형식을 갖춘 일본의 전통적인 정형시.

장장으로서 몇 권의 하이쿠 잡지 발행도 맡아 하고 있었다.

신세이 인쇄에 한번 부탁해 보자.

세상에는 출판 대행을 해주는 회사가 많이 있다. 그런 곳에 맡기는 편이 수고는 덜 든다. 그런데 일부러 인쇄가 본업인 회사로 정한 것은, 내 상황을 알고 있는 한편 이것 저것 졸라도 들어줄 것이라는 생각이 있었기 때문이다.

책 한 권에 백 편을 싣자. 이제까지 『날마다 한 편』 등에 수록되었던 것이나 매체에 발표한 것도 전부 넣자. 작품 번호와 쓴 연월일도 표기하자.

처음 쓴 작품 1부터 시작하는 것이니, 당연히 쓴 시점과 책이 나오는 시기와는 차이가 생긴다. 그러니 책이 나올 때마다 그 시점의 아내나 우리 가족의 상황을 따로 적은 소책자를 첨부하자. 잡지의 별책 부록처럼 말이다. 이 소책자에는 수록한 작품 중 몇 개에 관한 코멘트와 나의 에세이, 딸이 쓴 글 등도 집어넣고, 옛날부터 취미 반 장난 반으로 그리고 있는 내 조잡한 일러스트(만화?)도 덧붙이면 재미있는 덤이 될지도 모른다.

전부 몇 권이 되든지 간에, 나의 바람으로서는 (경제적 문제는 제쳐 두고) 많이 나오면 나올수록 좋다.

각 권의 제목은 쓴 원고를 정리할 때마다 되새기고 있는 '일과·하루 3매 이상'으로 통일하자.

아내는 찬성했다.

그러나 계획을 짜고 신세이 인쇄와 의논하여 구체적인 작업에 들어가기까지는 상당한 시간을 필요로 했다.

첫 번째 권에 들어갈 원고를 건넨 것이 2000년 4월 말. 교정을 보고 소책자(『다쿠네 소식』이라는 제목을 붙였다)의 원고를 넘긴 것이 6월이었다.

2000년 8월 8일자로 제1권이 완성되었다.

이야기를 들은 마이니치 신문 기자가 취재를 와서 나와 아내는 제1권을 들고 인터뷰를 했다. 기자로서는 굳이 자비 출판을 했다는 것과 거기에 얽힌 사정에 흥미가 동했던 모양이다. 그때 찍은 사진이 석간에 크게 나왔는데, 아내는 깜짝 놀라면서도 기분 좋아 보였다. 뿐만 아니라 그 기사를 보고 책을 읽어 보고 싶다고 청하는 분들이 속속 나타나기도 했다. 거기까지 생각하지는 못했기에 부수를 늘려 찍고, 원하는 사람에게 실비(싸지는 않았다)로 판매하게 되었다. 고마운 일이다. 자비 출판으로 내기를 잘했다고 나는 생각하였다.

다만, 세상에는 병에 걸린 사람이나 그 가족이 헤아릴 수 없을 만큼 많이 있는데, 이런 일로 이런 대접을 받아도 되는가 싶은 민망하고 미안한 마음이 있었다는 것은 고백해야겠다.

그러나 아내의 건강 상태는 오르락내리락하면서도 서서히 하향세로 접어들고 있었다.

요즘 나온 다양한 로봇을 전시한다는 '로봇 페스티벌 간사이關西 2001'이라는 행사 준비를 날더러 도와주지 않겠느냐는 이야기가 있었던 것이 바로 그즈음이었다. 기획에서 실행까지 1년 걸리는 장기전이었기에 나는 주저하였다. 하지만 제안을 해준 하이쿠 작가 기와리 다이유 씨가, "괜찮을 거야. 마유무라 씨가 활기차게 일하는 모습을 보여 주면 부인도 좋아할걸?"이라고 하는 것이었다.

아내와 의논하자 해보지 그래, 하고 격려해 주었다. 내가 새로운 일에 손대려고 하지 않고 집에 있는 일이 많아졌기에 좀 더 바깥일에도 관심을 가지고 새로운 소식을 가지고 왔으면 좋겠다는 뜻이었던 것 같다.

도와주기로 했다.

결과적으로 나는 전혀 아무런 도움이 되지 못했다고밖

에 할 수 없으나, 시간을 빼앗긴 것은 사실이었다.

게다가 『일과·하루 3매 이상』에 들어갈 소책자 원고를 쓰는 것이 예상 이상으로 부담스럽게 느껴졌고, 대학교 강의도 가야만 했다. 이야기 쓰는 것을 최우선에 두고 매일을 사는 것은 힘들었다. 힘들었지만, 온 힘을 다해 무언가를 하고 있다는 실감이 나를 지탱해 주었다.

2001년이 되었다.

그때까지 나는 어쩌면 아내가 맞을 수 없을지도 모르는 21세기라는 말을 최대한 입에 담지 않기 위해 노력하고 있었으나, 해가 바뀐 뒤 조금 편해졌다. 비슷한 예로 오사카 철도 병원이 가까운 곳에 새 건물을 지어 옮길 계획이었는데, 가족들은 암묵적으로 새 병원에 대해 언급하는 것을 피하고 있었으나 전년 말에 이사가 완료되어 새 병원으로 다니게 되었기에 문제가 사라진 일도 있었다.

3월에 아내는 짧게 입원했다. 일주일 만에 퇴원할 수 있었다.

'로봇 페스티벌 간사이 2001'은 7월 말에 끝났다.

7월 말까지 내가 쓴 이야기는 1477편으로 늘었고, 『일과·하루 3매 이상』은 제9권까지 나왔다. 나와 아내의

42번째 결혼기념일이 있었던 9월에는 1500편을 넘었고, 『일과·하루 3매 이상』도 제10권이 인쇄되었다(『일과·하루 3매 이상』은 이쯤에서 좀 쉬려고 하던 참이었는데, 아내의 병세 악화와 그 밖의 사정 탓에 그쪽에 신경 쓸 여력 자체가 없어져 제10권으로 끝이 났다).

일본 펜클럽에서 같이 일하고 있는 다카하시 치하야 씨가 이것을 기념하여 '마유무라 다쿠·에쓰코 부부를 응원하는 파티'를 열자고 해주었다. 펜클럽 유지 분들과 더불어 도쿄에 있는 딸까지 참가하여 준비가 진행되었다. 아내는 '죽어도 갈 거야'라고 했다.

파티는 2001년 9월 18일에 도쿄 회관에서 열렸다. 많은 분들이 찾아와 주신 덕에 흥겨운 잔치가 되었다. 마쓰이 선생도 와주셨다. 오랫동안 만나지 못한 아내의 옛 지인들도 부랴부랴 참석해 주었기에 아내에게는 (그렇다고 믿고 싶지만) 최고의 날이 되었다.

그러나 그 이후 아내의 병세는 계속 악화되었다. 쇼크 증상도 3회 정도 나타난 탓에 항암제를 쓸 수 없어졌다. 아내에게 파티가 이제 여한이 없다는 느낌을 주었기 때문일까……아니, 파티를 열지 않았더라도 경과는 마찬가지였을지도 모르니……역시 파티는 하길 잘했다고 생각하고 싶다.

연말에는 아픔이 닥쳐오는 횟수와 강도 또한 늘어났다. 그래도 2002년 1월 2일에는 으레 참배하러 가던 신사神社 스미요시타이샤住吉大社에 딸과 셋이서 어찌어찌 새해맞이 기도를 하러 다녀왔으나, 상태가 점점 나빠지고 있는 것은 분명했다.

3월에는 마쓰이 선생이 이제 수명이 다했다고 생각하라는 말을 했다. 아내가 없는 곳에서 해준 이야기였다. 나와 딸은 교대로, 마지막 무렵에는 둘 다 병실에서 잤다. 아내는 입원하고 조금 회복된 것처럼 보였으나, 다시 악화되어 진통제를 먹고 점차 잠들어 있을 때가 많아졌다. 5월 27일 한밤중을 지날 즈음, 28일에 영면했다. 67세였다. 맨 처음 입원하고 수술한 날부터 세면 5년에 15일이 모자란다.

나는 유체와 함께 집으로 돌아가서 집에서 '마지막 회'라는 이야기를 썼다. 1778편째의……마지막 편이었다.

하루 한 편: 첫 번째

***

　

'쇼트 쇼트 스토리'가 무엇인지에 대해서는 여러 사람이 정의 비슷한 것을 언급한 바 있지만, 여기에서 그것까지 다 짚고 넘어가면 길어지니 생략하겠다. 다만 영어로 단편 소설을 쇼트 스토리라고 하기에 그보다 훨씬 더 짧은 이야기는 쇼트 쇼트 스토리라고 부르게 되었다고 한다. 그리고 보편적으로 기승전결의 결말이 꼭 있어야 하며 매우 중요하다는 특징도 있다. 일본에는 장편掌篇 소설이나 초단화超短話라는 말이 있어서 그런지, 쇼트 쇼트 스토리라는 말은 미스터리나 SF 장르에서 사용되는 일이 잦은 것 같기도 하다.

아내를 독자로 삼아 쓴 나의 이야기는 그러한 의미에서

쇼트 쇼트 스토리인 경우도 있고, 꽤 거리가 먼 경우도 있다. 말하자면 그저 짧은 이야기다. 게다가 계속해서 쓰다 보니 경향이 바뀌었고, 쓰는 방식 역시 온갖 아이디어를 동원하여 변화를 주어야 할 상황이었기에 뭐라고 부르면 좋을지 나 자신도 아직 결론짓지 못했다(단화短話라고 하면 어떨까 하는 생각도 했지만, 중국 사람이 단화는 단편소설과 같은 뜻이라고 알려 주었다).

그리하여 이 책에서는 쇼트 쇼트 스토리라는 단어가 쓰이기도 하고 다른 단어를 쓰기도 하여 일관성이 없는데, 이해해 주시길 바란다. 애초에 기승전결이 없는 이야기도 사실은 많다.

이 책에 실은 작품은 당연하지만 극히 일부에 불과하다. 선택 기준 역시 완성도보다 당시 나의 마음 상태와 쓰는 방식의 변화 양상을 우선으로 했다. 그러한 부분을 독자들이 행간에서 읽어 주었으면 하는 것이 내 바람이다.

여기에서는 앞에서 적은 『날마다 한 편』과 『날마다 한 편 두 번째 권』, 기타 이곳저곳에 게재된 작품은 제외하였다. 그때 읽어 주신 독자들이 이 책도 읽을 경우 실례가 되기 때문이다. 그러나 『일과·하루 3매 이상』은 전편을 도중까지 수록했으므로 각권 100편에 10을 곱하면 1000편까지는 활자화되어 있다. 그것을 전부 빼버린다면 전체적인 느낌을 파악하기 어려울 것이다. 그래서……1000편 중에서는 4편을 골라냈다. 이 책에는 후반에 쓴 이야기가 훨씬 많다는 것을 미리 언급해 놓겠다. 1000편 이후는 완전한 미발표 작품이다. 아……그리고, 맨 마지막의 2편은 신문과 텔레비전에 소개된 적이 있지만, 이 둘은 꼭 넣고 싶었기에 남기기로 했다. 양해해 주시면 감사하겠다.

14일 소음 흡수판

　홈쇼핑 카탈로그의 신제품 특집을 읽고 있던 나는 문득 솔깃해졌다.
　소음 흡수판이라는 상품이 있었던 것이다.
　광고에 따르면 그것은 투명한 플라스틱판 2장 사이에 특수한 재료를 끼운 것인데, 재료 역시 투명하기에 언뜻 보기에 유리판 같다고 한다.
　이 특수한 재료가 직접 닿는 음파를 빨아들여 소리를 없앤다는 것이다. 그만큼 재료도 조금씩 변질되어 까매지면서 음파 흡수력도 떨어진다고 하는데, 효과는 상당하다고 쓰여 있었다. 물론 소리란 한 방향을 차단하더라도 주위에서 들어오므로 소음을 전부 없앨 수는 없지만, 정면에서

오는 것은 막아 주기에 그것만으로도 퍽 느낌이 다르다는 것이었다.

제품 설명에는 소리의 세기에 따라 차이는 있으나 신도시 주택가라면 흡수력 저하율은 한 달에 0.5% 정도라고 쓰여 있었다.

이건 쓸 만하지 않을까?

우리 집은 신도시 주택가가 아니라 오래된 동네에 있다. 집이 빼곡하게 늘어서 있고, 앞에는 노상 차가 지나다닌다.

그러나 그것보다 더욱 성가신 것은 옆집이다. 개를 키우고 있는데 이 개가 밤낮을 가리지 않고 곧잘 짖는 데다, 누가 피아노 공부를 하는지 갑자기 건반 소리가 울려 퍼질 때도 많다. 내 서재 창문이 옆집 벽과 1미터도 안 되는 거리를 사이에 두고 마주보고 있기에, 사색할 때나 집중하고 싶을 때는 조용히 좀 해달라고 말하고 싶어진다.

서재 창문에 이것을 붙이면 어떨까?

그렇게 하더라도 집 앞이나 다른 창문으로 들어오는 소리는 막을 수 없겠지만, 이전보다는 훨씬 나아지지 않을까?

나는 창문 치수를 잰 뒤 적당한 규격의 판을 골라 주문

했다.

소음 흡수판은 곧 택배로 도착했다.

서재 창문의 유리창과 창살보다 더 안쪽에 판을 설치하는 것은 꽤나 품이 드는 작업이었다. 내가 손재주가 없는 탓도 있겠지만, 거의 하루 종일 걸렸다.

효과는 직방이었다.

이제까지 책상 앞에 앉은 나를 직격했던 개 짖는 소리와 피아노 소리가 훨씬 더 작게 들리게 되었다.

잘됐군, 잘됐어.

나는 만족했다.

"이봐, 그 소음 흡수판을 붙였다면서?"

도심에 작은 사무실을 차리고 있는 친구의 말이었다.

"그거, 나도 한번 사봤는데 여간 형편없던걸."

"왜?"

친구에게 물어보았다.

"우리 사무실이 큰길에 붙어 있어서 소란스럽잖아? 창문 전체에 설치하는 데 시간도 들고 돈도 들었는데, 날마다 조금씩 어두워지더니 반달밖에 안 지났는데 새까매졌어. 사무실에 온 사람이 햇빛을 싫어하시냐는 말까지 하더라고. 다시 떼는 데 또 수고가 들고 비용도 들었어. 더 성능이 좋은 게 나오면 또 모르겠지만, 그건 못 쓰겠더군."

친구의 대답이었다.

동네의 잡음과 차 소리와 개 짖는 소리와 피아노 소리에 노출된 서재 창문은 3, 4개월 만에 새까매지고 말았다. 까만 판때기를 붙인 것과 다름없어졌다.

나는 소음 흡수판을 떼어 냈다. 손재주가 없어서 손에 상처가 났다.

새로운 것을 설치해도 똑같은 일이 생길 테니 또 사지는 않기로 했다. 대신 서재 창문 앞으로 책꽂이를 옮겨서 창문을 막아 버렸다. 효과는 없는 것보다는 나은 정도지만, 어쩔 수가 없지 않은가.

홈쇼핑 카탈로그는 아직 구독하고 있다. 읽는 것이 재미있어서 그렇지만……상품을 사는 데는 신중해졌다.

1997년 7월 29일

101일 모조품 여름

 회춘 클럽이라는 것이 있는데, 학교 선배가 그곳의 이사를 맡고 있다.

 회춘 클럽이란 중년·노년들이 활기를 되찾기 위해 가는 곳으로 가입 자격 연령에는 상한선이 아니라 하한선이 있다고 한다. 수영장이나 나무들 사이로 난 산책로, 정원에 놓인 테이블, 작은 파티 회장 등이 있는데 전부 중년·노년들에게 걸맞게 설계되어 있다는 것이다.

 나이로 따지면 노인인 것은 맞지만 나는 그런 시설에는 관심이 없었다. 그러나 어쩌다 얼굴을 보게 된 그 선배에게 요즘은 노안이 와서 조금만 어두워도 책을 못 읽겠다고 푸념했을 때, 우리 클럽에 한번 구경하러 오라는 초대를 받았다.

"글쎄, 정확한 수치는 모르겠지만 사람은 60대가 되면 20대 적보다 빛을 반절도 못 느끼게 된다는 얘기가 있더라."

선배가 말했다. "그래서 이번에 손님들이 젊은 시절로 돌아간 느낌을 받을 수 있도록 아주 밝은 돔을 만들었어. 움직이는 입체 영상도 여기저기 도입했는데 이게 꽤 볼만해. 와보고 마음에 들면 회원 가입도 좀 하고."

그때 내 머리를 스쳐 지나간 것은 옛날에 읽었던 미래 소설이었다. 돔 속에 만들어진 실물과 똑같은 해변이 나오는 소설이었다.

그런 것이 실제로 가능한 시대가 된 것인가.

늦가을 저녁, 나는 그 회춘 클럽을 찾았다. 그러고 보니 미래 소설에서 주인공이 돔으로 발걸음을 옮겼던 것도 늦가을이었던 것 같다.

넓은 부지에 숲과 건물 몇 개가 있었다.

마중 나온 선배는 나를 그 돔으로 안내했다.

문 안쪽의 짧은 터널을 지난 나는 거기에서 순간 얼어붙었다.

자유로운 모양새의 커다란 수영장이 있고, 여기저기에 비치파라솔과 접이의자가 놓여 있었다. 헤엄치거나 이야기를 나누고 있는 사람들 중에는 젊은 남녀도 있었다. 선배의 설명으로는 젊은 남녀는 종업원이라고 하는데 지극히 자연스럽게 행동하고 있었다.

수영장 건너편은 바다였다. 이쪽이 조금 더 높게 지어져 있는 것이다. 파도가 반짝이고 새하얀 구름이 흘러가고 있었다.

그리고 나를 압도한 것은, 빛이었다. 쨍쨍 번쩍이는 햇빛이 공간 전체에 가득 차 있었다.

이것은 진짜 여름이다.

아니,

그것은 지난날 젊었을 적에 내가 느꼈던 여름이었다. 눈부신 빛의 범람汎濫이었다.

부드러운 바람이 불어왔다.

갈매기 몇 마리가 상승과 하강을 거듭하며 멀리 날아갔다.

이런 현기증을 맛보는 것이 몇 년 만일까. 몇 년 만이 아니다. 몇십 년 만이라고 해야 한다.

나는 젊은 시절의 감각을 되찾고 있었다. 그때의, 모든 것이 신선하고 세상이 미지의 것으로 넘쳐 나던 기분을 느끼고 있었다.

선배와 나는 접이의자에 걸터앉아 찬 음료를 마셨다. 나는 벌써 상의를 벗고 셔츠 단추를 푼 채였다.

"하나 알려 주자면, 거기는 매일 가지 않는 게 몸에는 좋아."

밖으로 나가는 터널을 걸으면서 선배가 말했다. "거기는 자연적인 빛보다 아무래도 훨씬 밝게 되어 있거든. 그렇게 하지 않으면 나이 든 사람에게 옛날 여름의 밝은 느낌을 줄 수가 없어서 그런데……그만큼 눈과 피부에는 지나치게 강렬한 거지. 비품도 아주 빨리 퇴색되거나 노화되고. 뭐, 가끔 와서 기분이 젊어지는 것을 맛보는 정도가 적당할 거야. 그래서 클럽 차원에서도 열흘에 한 번, 그 이상은 이용할 수 없게끔 체크하고 있어."

"……"

"마음에 들었으면 가입해 달라고. 요는 이용을 어떻게 하느냐야."

선배는 고갯짓을 했고, 나는 인사말을 한 뒤 클럽을 나왔다.

눈앞에는 늦가을의 야경이 있었다. 평소보다 훨씬 어둡게 보이는 야경이었다.

나는 걷기 시작했다.

클럽에 들어갈지 말지 아직 결심이 서지 않았다.

1997년 10월 24일

224일 오래된 동전

전철표를 사려고 승차권 발매기에 동전을 넣었다.

필요 금액을 똑 떨어지게 넣었는데, 쨍그랑 하는 소리가 나고 한 개가 도로 나왔다.

집어 올려 다시 밀어 넣었다.

또 도로 나왔다.

발매기가 받아들이지 않는 것이었다.

이런 일은 종종 있다. 동전이 마모되었거나 다른 사정으로 인해 발매기가 작동하지 않는 것이다. 그러나 승차권 발매기든 그 밖의 자판기든 간에 그리 정밀하고 정확하지는 않은 모양인지, 끈질기게 몇 번씩 넣다 보면 받아 주는 경우가 많다.

하지만 그러고 있을 시간은 없었다.

열차가 들어오고 있다는 안내 방송이 흐르기 시작한 것이다.

동전 지갑에서 다른 동전을 꺼내 추가했다.

표가 나왔다.

서둘러 자동 개찰구를 통과했다.

도로 나온 동전은 다음에 써보고 또 안 되면 수고로우니, 동전 지갑 말고 바지의 조그만 주머니에 쑤셔 넣었다.

귀가해서 바지를 갈아입을 때 낮에 쓰려 했던 그 동전이 떨어졌다.

주워 들어 살펴보니 역시나 상당히 닳아빠진 동전이다.

그도 그럴 것이, 45년 전에 만들어진 동전인 것이다.

이렇게 오래된 동전이 아직도 사용되고 있구나.

45년 전이라면 내가 고등학교를 나와 대학에 들어갔을 무렵이다.

그런데.

나는 동전을 다시 보았다.

문양 아래의 평평하게 되어 있는 곳에 작은 생채기 같은 것이 몇 개 있었다.

확대경을 가지고 와서 관찰해 보니 A라는 문자, 그 옆에 B, 또 그 옆에 C가……E까지 새겨진 것이 보였다.

기억이 머릿속에서 되살아났다.

대학에 들어간 지 얼마 되지 않았을 무렵, 공부가 지겨워진 나는 심심풀이로 동전을 꺼내 칼로 문자를 새긴 적이 있었다. 통화通貨에다 그런 짓을 하면 안 된다는 것은 알고 있었으나, 얼마나 작은 문자를 정확히 새길 수 있는지 보려고 재미 삼아 했던 것이다.

새긴 것은 A라는 문자였다.

왜 A였느냐고 한다면……딱히 이렇다 할 이유가 있는 것은 아니었다. 뭐든 상관없었던 것이다.

이것은 그때의 동전이 아닐까?

매우 오래 전 일이라 내가 새긴 문자 모양까지는 기억이 안 난다. 다만 가지런하게 새긴 것은 확실하다. 이게 그 동전이라고 한다면, 그럴 수 있겠다는 느낌이 든다.

행여 내가 문자를 새긴 것이 이 동전이라면……돌고 돌아 45년 후에 다시 내 손에 들어왔다는 이야기가 된다.

하지만 그때는 A뿐이었다.

이 동전에는 A, B, C, D, E라는 5개의 문자가 늘어서 있다.

더 자세하게 들여다보니 문자 하나하나마다 차이가 있었다. 아무렇게나 새겨서 비뚤어진 것이 있는가 하면, 정확한 직선으로 또박또박 깊게 새겨진 것도 있다.

이런 것으로 미루어 보아 문자 한 개, 한 개를 각각 다른 사람이 새긴 것이 아닐까?

그렇다면……

나는 상상했다.

누군가 이 동전에 조그마한 A라는 문자가 있다는 것을 눈치채고, 그 옆에 B라고 새기고……그리고 나서 또 다른 사람이 이번에는 C라고 새기고……45년 동안 E까지 온 것은 아닐까? 각자 무슨 생각으로 어떤 상황에서 새긴 것인지는 알 도리가 없지만, 결과적으로 이렇게 되지 않았을까?

이상한 기분이었다.

그 동전을 어떻게 할지가 문제였다.

내 손에 들어올 때까지 사용되고 있었으니, 사용하려면 몇 번씩 발매기에 넣어서 쓸 수도 있을 것이다.

세상에 내보낸 뒤, 누군가가 F 이후의 문자를 새길지도 모른다. 아예 이번에는 내가 F라는 문자를 새겨서 내보내도 된다.

그러나 그렇게 되면 이제 내 곁으로 돌아올 일은 없을 것이다. 뿐만 아니라, 점점 더 마모되다가 어느 날 녹여져서 영구히 모습을 감출 것이 틀림없다.

그렇게 되는 건 왠지 모르게 섭섭하다.

일단 나는 그것을 보관하기로 했다. 필름이 들어 있던 용기에 넣어 놓은 상태다. 언제까지 그대로 둘지는 정하지 않았는데……자유롭게 여행할 운명이었던, 어쩌면 또 새로운 문자가 새겨질지도 몰랐던 동전을 주저앉힌 것은 동전에게 미안한 일인 것 같은 마음도 있기 때문이다.

1998년 2월 24일

자기 주석

 쓰기를 시작한 뒤 한동안은 뭘 쓰든 써야 한다는 마음이 앞선 상태였기에, 작품 하나를 쓸 때마다 어떻게 써야 할지 암중모색을 하는 듯한 느낌이었다. 쇼트 쇼트 스토리로서의 완성도는 어느 정도인가 하는 걱정이 늘 머릿속에 있었고, 한편 이야기를 읽으면서 아내가 병에 대해 잠시라도 잊었으면 하는 바람도 있었기에 아이디어에 무게를 두게 되었다고 할 수도 있을 것 같다. 실제로 나중에 『일과・하루 3매 이상』을 여러 분들이 읽어 주시게 되고 나서는, 몇 분에게 "초반에 쓴 이야기에서는 망설이는 기색이 느껴지네요."라는 말을 듣기도 했다.

 14일 「소음 흡수판」
 소리를 흡수함으로써 성능이 떨어지는 필터는 실제로 있을 수도 있겠다고 생각했던 것일까? 아내는 진지한 얼굴로 "이런 게 있어?" 하고 내게 물었다(나는 모르겠지만, 이미 나와 있을지도 모른다).

/0/일 「모조품 여름」

나이가 들면 밝음을 느끼는 힘이 줄어든다는 이야기를 많이들 한다. 그래도 젊었을 때와 같은 밝음을 원한다면 이렇게 될 수밖에 없을 터이다. 동갑내기(정확히 말하면 아내는 빠른 생일이라, 임자—우리 집에서는 여보, 당신 대신에 임자라는 말을 썼다—는 나보다 늙었다면서 뻐기곤 했다) 아내인 만큼 공감해 줄 것을 노렸으나, 노코멘트였다.

224일 「오래된 동전」

이 동전이 만들어진 연대는 나와 아내가 갓 사귀기 시작했던 무렵이라는 설정이다. 그래서 어쨌느냐고 물으면 할 말은 없지만……. 사실 나는 동전에 문자를 새긴 적이 없다. 만약 그런 적이 있었더라도, 이런 식으로 동전이 다시 돌아올 확률은 지극히 낮을 터이다.

신제新制 중학교

***

다음 글은, 『일과·하루 3매 이상』의 제4권에 딸린 소책자 『다쿠네 소식』용으로 쓴 원고를 조금 수정한 것이다 (쓴 것은 2000년 11월).

이제는 과거의 이야기가 되었지만······전문대에 시간강사로 다니던 시절, 학생이 제출한 과제 중에서 다음과 같은 문장이 있었다.

'우리 중학교는 쇼와^{昭和3} 초기에 창립되었는데······.'

표현이 틀리지는 않다.

---

3. 일본의 연호. 쇼와 천황의 통치가 시작된 1926년 12월 25일부터 1989년 1월 7일까지 사용되었다.

현재의 중학교는 전후戰後 개혁의 일환으로서 쇼와 22년(서기 1947년)에 창립되었다. 개중에는 고등소학교였던 것이 바뀐 경우도 있기에 전부 그렇다고는 할 수 없으나, 기본적으로는 일제히 스타트를 끊었다고 볼 수 있다. 그러니 굳이 우리 중학교는, 이라고 쓴 표현을 보면 우리 세대로서는 묘한 느낌이 드는 것이다.

 하지만 뭐, 그건 괜찮다고 하자.

 고개를 갸웃하게 된 것은, 예의 쇼와 22년이 쇼와 초기라고 쓰여 있었기 때문이었다.

 이미 그때 쇼와는 60년대에 진입했으니, 쇼와 22년은 누가 보아도 초기임이 틀림없다.

 그러나 쇼와 20년(서기 1945년) 이후부터 사회 체제가 바뀌었고 나 자신도 그 변화 속에 있었기 때문에, 그때까지 내 머릿속에는 20년 이후가 초기라는 감각이 없었던 것이다.

 또 하나.

 이것은 내가 MBS 라디오 심야 프로그램의 사회를 맡고 있었을 때인 1970년인가 71년경의 일이었다고 기억하는데, 어쩌다가 방송에 참석했던 젊은 청취자에게 질문을 받고 나는 신제新制 중학교 1기생이라고 대답했더니 "신제라니 참 구식 명칭이로군요."라는 반응과 함께 웃음이 돌아온 적이 있다.

그렇다.

현대의 중학교는 현행現行 중학교일 뿐, 벌써 한참 전에 '신제'는 아니게 된 것이다.

50년 이상 지속되고 있으니 말할 나위도 없다.

그런 만큼 신제 중학교가 갓 생긴 시절은 이미 안개 저편으로 사라졌다는 느낌이 든다. 나는 그 시기를 (다소 유형화하여 희극으로 만들기는 했으나) 『붙잡힌 스쿨버스』 (현재는 『시공의 나그네』로 제목이 바뀌었다) 속에서 시간 항해 과정 중의 배경으로 등장시킨 적이 있다. 그러나 젊은 사람 중 몇 할 정도는 나의 상상이자 꾸며 낸 이야기인 줄 알기도 했다.

지금 돌이켜 보아도 웃음이 새어 나오는 사건이 몇 가지 있었다.

타잔 놀이를 했는데, 교실 창문에서 복도 창문으로 공중에서 뛰어 이동하려다가 창문 바깥으로 나가 버려서 2층에서 추락한 학생이 있었다.

손목시계가 고급품이었기에 시험 볼 때 알람시계를 책상에 놔둔 급우가 있었는데, 답안 제출 5분 전에 그 알람시계가 찌르릉거리며 울려 화들짝 놀란 적이 있다.

학교 건물이 많이 낡았는데, 외벽에 나무기둥을 여러 개 세워 지탱하고 있었던 것을 이용하여 선생님이 칠판을 향해 서서 글자를 쓰고 있을 때 창문에서 그 기둥을 타고 내려가 교실에서 탈출하는 학생도 적지 않았다.

나 자신도 쌀밥 도시락은 싸오기 어려웠기에(물통에 묽은 죽을 넣어 가지고 오는 아이도 있었다) 점심때는 집에 밥을 먹으러 다녀왔는데, 집에 간 채 오후 수업은 쭉 땡땡이 치기를 밥 먹듯이 했다.

이 시절 이야기를 나는 아직 본격적으로 쓴 적이 없다. 그때그때의 세상사나 내 나름의 개인적인 생각도 집어넣어 써도 되지 않을까 싶기도 하지만, 제대로 읽어 줄 사람도 없을 터이고 써보았자 뭐하겠느냐는 허무한 생각도 드는 것이다.

여하튼 여기에서 이런 테마를 꺼낸 것은 이른바 구제(舊制)와 신제의 차이를 논해 보고 싶었기 때문이다.

거듭 이야기하지만, 나는 신제 중학교 1기생이다. 이 말은 소학교(정확하게는 국민학교) 6학년 때부터 중학교 3학년 때까지 상급생이라는 존재가 없었다는 것을 의미한다.

누구나 가는 중학교인 만큼, 당연히 어찌해 볼 도리가 없을 만큼 난폭한 놈이나 무슨 말을 해도 알아듣지를 못하는 패거리가 섞여 있었다. 그런 와중에서 이를테면 반 전체가 무언가를 같이 하게 되었을 때 반의 합의가 이루어지기까지가 큰 고생이었다.

한편으로 우리들은 구제 중학교 사람들을 의식하고 있었다. 구제 중학교는 의무 교육이 아니었고 입학시험도 있었다. 즉 그들은 소학교를 나온 뒤 선별된 인재로서 자존심이 높았다. 구제 중학교는 5년제였기에, 학제 개혁으로 신제 고등학교가 생겼을 때 별설 신제 중학교라는 것을 따로 만들었다. 머지않아 신제 고등학교 학생이 될 예정인 중학생이었던 것이다. 애초에 신제 중학교 학생과는 격이 달랐다.

여기에서 이 얘기를 길게 늘어놓을 필요는 없겠지만……자꾸 머릿속을 맴도는 것이, 이전에 지금은 고인이 된 평론가 야마모토 아키라 씨가 "구제 출신과 신제를 나온 놈들은 사회자를 시켜 보면 바로 구별할 수 있어. 구제 출신은 그러면 ××하겠습니다라고 하는데, 신제 녀석들은 ××를 하도록 하려고 하는데 괜찮겠냐는 둥 말이 길단 말이야. 왜 하도록 해야 하고 확인한 것을 공연히 다시 묻는 거지?"라고 지적했던 일이다. 야마모토 아키라 씨는 구제 출신이었다.

이것은 중학교에 들어갈 때 선별된 사람들과 다 같이 그대로 중학교에 들어간 사람들과의 자의식의 차이가 아닐까, 하고 나는 생각했었다. 즉, 사람의 위에 설 지도자 예비군들과 잡다하게 섞인 집단은 다른 사람에게 부탁하고 주장할 때도 취하는 방식이 다르다는 것이다.

이제 됐다.

옛날이야기도 적당히 하자.

그러나 이런 일은 인간 사회가 존재하는 한 어떤 세대 사이에서도 일어나는 것이 아닐까? 형태나 질은 다르더라도, 없을 리가 없다.

나와 아내는 고등학교 동기였는데, 과목에 따라 같은 교실에서 수업을 들었다. 그렇기 때문에 이러한 문제에 대해서도 같은 세대로서 대화가 가능한 것인데, 그 자체가 신제 중학교다운 일이라고 할 수 있을지도 모르겠다.

아무래도 시사성도 일반성도 없는 이야기였다……는
느낌이 들지만, 이번 장은 이쯤에서 마치기로 한다.

아내와 나

초단

나와 아내는 중학교는 달랐지만 고등학교는 함께 다녔다. 그렇다고는 해도 반은 나뉘어 있었는데, 국어 선택 과목(고전) 등의 시간에만 같은 교실을 썼다. 친해진 것은 고등학교를 졸업하고 나서였다.

그때시 나는 고등학교 시절의 나에 대한 인상을 결혼한 뒤에야 듣게 되었다.

"머리가 큰 애라고 다들 얘기했었어."라고 아내는 말했다. 우리 반이 체육을 할 때 교실에서 구경하고 있었던 모양이다.

뭐, 어쩔 수 없는 일이다. 실제로 내 머리 둘레는 크지만, 그것보다도 몸이 호리호리했던 것이다. 하이쿠부와 신문

부에 적을 두었던 전형적인 문과 타입이었고, 스포츠다운 스포츠는 아무것도 하지 않았다(고등학교 1학년 초기에 야구부에 잠깐 들어간 적이 있으나, 경구硬球와 경구용 글러브를 살 돈이 없었고 무엇보다도 운동에 소질이 없었기에 동아리에서의 내 꼴은 말이 아니었을 것이다).

그러나 고등학교 3학년 때, 담임 선생님에게 언제까지나 창백한 문학청년 노릇을 하고 있으면 안 된다는 말을 듣고 자극받아 삶이 크게 바뀌었다. 이 전후의 곡절에 대해서 쓰면 길어지니 생략하겠다. 다행히도 어찌어찌 대학에 들어간 뒤, 유도를 배우기 시작한 것이다. 처음부터 유도부에 들어가면 또 한심한 처지가 될 것 같았기에 동네 도장에 입문해서 단련을 했다. 도장이 쉬는 날에는 따로 부탁해서 들어간 뒤 낙법 연습을 하고 집에 갔다. 이리하여 가을에는 2급을 땄다. 그 뒤에 동아리에 들어간 것이다. 2학년이 될 때까지는 유도부와 동네 도장 양쪽에서 연습했다. 덕분에 학업은 뒷전이었다. 독일어에서 전부 낙제점을 받고, 그 상태로는 전공을 선택하여 진학할 수 없었기에 2학년 때 악전고투하여 학점을 땄다.

본론으로 들어가자면,

유도를 시작했을 무렵 고등학교를 나와 은행에서 일하던 아내는 "모처럼 유도를 할 거면 초단 정도는 따놔요."라고 했다. 원래 운동치인 내가 언제까지 지속할 수 있을까 싶어 농담처럼 말한 것일지도 모른다.

나는 대학 2학년 초에 어찌어찌 초단이 되었다(졸업할 때는 2단, 그 뒤 3단 자격도 땄으나 소설 쓰기를 본격적으로 시작한 뒤부터 연습을 하지 않게 되었고 그것으로 끝이었다). 졸업까지 부원으로서 열심히 활동했고, 약한 학교이긴 했으나 주전 선수였다. 학교에서는 남자다운 스포츠맨 취급을 받았다. 매일 연습한 덕분에 근육이 붙고 체격도 좋아져서 머리 크기가 눈에 띄지 않게 된 것이다(다만, 산책 이외에는 운동을 하지 않는 작금은 근육이 없어졌기에 역행하여 원형으로 돌아간 것 같은 느낌이다).

정말 본론으로 들어가자면,

부부로서 지낸 세월이 길어지고 둘 다 60대를 바라보게 되었다. 어느 날 나는 별 생각 없이 "손과 머리를 쓰면 치매에 안 걸린다고 하지? 바둑을 두면 좋다던데."라고 아내에게 말했다.

나는 학창 시절 곧잘 서투른 솜씨로 바둑을 두었다. 그렇다고는 해도 학교 식당에서 두거나 합숙 갔을 때 심심풀이로 두는 정도였으니 실력이 늘 리가 없다. 그러나 50대 후반이 되고 문득 다시 해볼까 싶은 바람이 불어서 새로 공부해 보고자 바둑 통신 교육을 받다가……그런 이야기가 나온 것이었다.

아내는 고등학교 시절부터 서예를 시작해서, 졸업한 뒤에도 줄곧 공부하고 있었다. 나의 영향으로 하이쿠를 열심히 쓰거나(다만 하이쿠는 내가 말해 주는 감상이 언제나 지나치게 엄격했던 모양인지, 지어도 보여 주지 않게 되었다), 영어 회화를 배우러 다니기도 했는데……어느 사이엔가 바둑 교실에도 다니게 되었다.

그러던 차에 아내와 대국도 하게 되었다. 집에서 나오는 화제도 바둑 이야기가 많아졌다. 실력은 내가 상당히 위이긴 했어도, 가만있으면 안 되겠다 싶었다.

결국 아내 손에 이끌려 나도 기타니 도시미 선생님이 운영하는 바둑 교실에 동행하게 되었다.

바둑이란, 다른 여러 가지 것들도 그런 것 같지만, 젊었을 때 배우는 것이 유리하다. 논리를 넘어선 감각이 중요해서 그렇다고 한다. 그래서 그런지 나는 간신히 초단을 따고 선생님이 좀 봐주기도 해서 2단도 땄지만, 아내는 여기서 이기면 승급인 순간 자꾸 실수를 하는 바람에 결국 6급에서 끝나게 되었다. 그래도 바둑돌을 3점이나 4점 먼저 놓고 시작하면 나는 아슬아슬하게 이기거나 지거나 했으니, 아내는 나와 대국할 때 내 계산속이 들여다보였던 것일지도 모른다.

이야기를 조금 앞으로 되돌리자면, 아내의 첫 수술과 입원 이후 우리는 허구한 날 대국을 하게 되었다. 주로 아내가 먼저 도전했다. 분했을 게다. 나 역시 질 수는 없으니 바둑 책을 읽으며 공부했다. 저녁부터 중간에 식사까지 하며 다섯 번도 여섯 번도 더 두었다. 아내는 그동안 병에 대해 잊어버릴 수 있었던 것은 아니었을까? 둘이서 여행을 갈 때도 바둑판을 가지고 다녔다.

병을 가지고 괜히 힘내라고 말해 봤자 역효과지만, 바둑 이야기라면 격려해도 문제가 생기지 않는다.

언제였던가, 또 승급 기회를 놓치고 속상해하던 아내를 보고 힘을 주려는 생각에서 "이제 꽤 잘하게 됐으니 조금만 더 노력해 봐. 열심히 하면 초단은 딸 수 있지 않겠어?"라고 했을 때 아내가 의심이 어렸으면서도 싫지만은 않은

표정으로 "초단?"이라고 되물은 적이 있었다.

그 순간 내 머릿속에 옛날에 아내가 했던 대사가 떠올랐다.

"내가 유도를 시작했을 때, 모처럼 할 거면 초단 정도는 따놓으라고 했잖아."

나는 이렇게 말해 버렸다.

"초단이 얼마나 어려운 거였는지 몰랐지."

아내의 대답이었다.

그때 입을 삐죽거리면서도 아내의 눈은 분명히 웃고 있었다. 먼 옛날의 기억이 떠올랐던 것이리라.

아내가 죽고 나서 바둑에 대한 나의 열정도 사그라지고 말았다. 일상 속에서 대전할 상대가 없어진 데다, 바둑을 두다 보면 어쩔 수 없이 아내 생각이 나고 공허한 마음이 들기 때문이다. 지금은 거의 바둑을 두지 않는다. 어차피 아내나 나나 아마추어 수준이었으니 그리 애석하다는 느낌은 들지 않지만……..

외출 사랑

　다른 부부들은 어떤지 모르므로 비교할 도리는 없으나, 우리는 함께 외출하는 일이 많은 편이었다고 생각한다.

　이것은 본디 아내나 나나 외출을 좋아하는 성격이었다는 뜻이겠지만, 한편으로는 맞벌이를 했던 관계로 일이 끝나면 만날 약속을 하여 바깥에서 식사를 하고 휴일은 100% 활용하기로(당시에는 토요일은 휴일이 아니었다) 했기에 그런 습관이 생겼던 것 같다. 그리고 조금 더 곰곰이 생각해 보면, 적어도 나의 경우 집 안에 둘이 있을 때는 사소한 건수로 논쟁을 벌이거나 싸우게 되기 일쑤인 데 반해 외부의 사건이나 사물에 대해서는 공동 전선을 펴는 것이 보통이었으므로 밖에 있는 것이 편하다는 생각이 있었을지도 모른다.

내가 어릴 적 기차에 타고 싶다고 하도 떼를 쓰는 바람에 (단편적으로밖에 기억이 안 나지만) 부모님이 용무도 없는데 아카시明石[4]까지 데려다 준 적이 있다고 한다. 아내 역시 국철 직원의 딸이었기 때문인지 기차나 전철을 좋아했다. 그리하여 목적이 있을 때도 있을 때지만, 아무 일 없어도 시간이 생기면 탈것을 즐긴다는 느낌으로 곧잘 외출했던 것이다.

그리고 목적지에 관광 명소가 있으면 남들이 하는 대로 구경은 하더라도, 여기도 보고 저기도 봐야 한다는 생각으로 돌아다니거나 쇼핑을 하는 것은 아니었다. 근처 풍경을 바라보며 어슬렁어슬렁 걸어다니거나 적당한 곳에서 쉬면서 조곤조곤 수다를 떨었던 것이다. 따라서 가서 무엇을 했느냐고 누가 물어도 이렇다 할 대답은 할 수가 없었다. 처음으로 둘이서 파리에 갔을 때도 노트르담 성당 앞 광장에서 종이비행기를 날리는 아이나 대화를 나누는 사람들을 세 시간 가까이 멍하니 바라보며 시간을 보냈다.

---

4. 효고(兵庫) 현(縣)에 위치한 아카시 시(市)는 저자가 어렸을 적 살던 오사카에서 기차로 1시간 정도 걸리는 거리다.

그렇다고 해도 이전에는 내가 원고에 쫓기고 있었기에 그리 자주 함께 외출하기는 어려웠다. 그러던 것이 아내의 발병 이후 아내를 최우선으로 생각하게 되어 아내가 나가고 싶다고 하면 나가게 되어서 횟수가 갑자기 증가했지만……할 수 있을 때 많이 해놓자는 말은 아내나 나나 결코 입에 담지 않았다.

밖에 나갈 때마다 우리는 대체로 각자의 카메라를 가지고 갔다. 그래서 풍경이나 둘 중 한 명의 사진은 많아도 둘이 나란히 찍은 사진은 거의 없다.

지금 그 사진을 보면……병에 걸린 뒤의 아내의 얼굴이, 촬영했을 때는 그런 느낌을 받지 못했으나, 역시 웃고 있을 때라도 어쩐지 굳어 있고 처연함이 스민 듯한 인상이나. 아내의 내면이 나타난 것일 수도 있겠고, 나 또한 그러한 상황의 한복판에 놓여 있었기에 그것을 일상으로서 받아들이고 있었던 것일지도 모르겠다.

우리는 함께 술도 곧잘 마셨다. 나는 30대 중반부터 점점 주량이 늘었는데, 알코올 중독은 아닌가 싶은 걱정이 들었던 50대에 의사의 금주령이 떨어졌고 금주에서 풀려난 뒤에도 엄격하게 절주하게 되어 현재에 이르고 있다.

아내는 원래 술이 센 편이라 내가 변변히 마시지 못하게 된 뒤에도 '안됐네'라며 술을 마시고는 했는데……그러나 병에 걸리고 나서는 그럴 수도 없게 되었다.

둘이서 부지런히(?) 술을 마시던 시절에는 바를 옮겨 다니며 2차, 3차로 마시다 새벽녘이 되어서야 귀가한 적도 있다. 귀가했을 때 아직 오후 10시나 11시밖에 안 되었으면 집에서까지 술을 마시며 수다를 떠는 일이 많았다. 딸이 기막히다고 생각했는지 그런가 보다 하고 포기하고 있었는지 나는 모른다.

나는 노래방을 싫어하는데, 노래를 하면 그 자리가 썰렁해진다는 것을 알고 있었기에 노래하는 일이 거의 없었다(현재도 그렇다). 하지만 아내는 상당히 노래를 좋아했는지 술이 들어가기만 하면 노래를 불러 젖혔다. 내가 거의 술을 못 마시게 된 뒤 둘이서 술을 마시러 가는 장소의 폭은 크게 줄어들었다(나는 보리차를 맥주잔에 담은 '겉보기 맥주'를 마시게 되어서 그렇다). 하지만 오하쓰텐진お初天神에 있는 '와인리버'라는 단골 가게에는 상당히 오랫동안 다녔다. 거기에서는 편하게 노래방을 즐길 수 있었던 것이다. 그즈음에는 딸도 동행하게 되었다. '와인리버'는

아내의 병세가 심해지기 전에 주인이 몸을 상하여 긴 역사의 막을 내렸는데, 아내는 그것을 아쉬워했다.

아내가 좋아했던 노래는 「백만 송이 장미」였다. 나는 종종 아내가 그 노래를 부를 때까지는 집에 가기는 글렀다고 체념하곤 했다.

아내가 죽고 장례식 준비를 시작했을 때, 이것을 알고 있었던 장례 회사 사람이 「백만 송이 장미」가 든 CD를 얻어 와서 틀겠다고 해주었다. 밤을 샐 때도 영결식에서도 BGM으로 「백만 송이 장미」가 흐르게 되었다. 마음 씀씀이가 고맙다고 생각하면서 나는 아내가 아직 살아 있는 것만 같은 착각에 휩싸였다.

협력자

대학을 나온 동시에 나를 채용해 준 내화기와 제조사의 오카야마^{岡山} 현에 있는 공장으로 부임했다. 공장 근무는 1년 남짓으로 끝나고, 오사카 본사로 전근 가게 되었다.

그다음 해 가을에 고등학교를 졸업한 이래 (솔직히 말하면 단편적으로) 사귀어 온 상대와 결혼한 것이다.

둘 다 젊었고 월급이 적었기에 맞벌이를 했다. 아내 쪽이 월급이 많았다. 둘이 합쳐 3만 엔 남짓이었다.

처음에는 주공 아파트(월세 5천5백 엔)에 있었으나, 자네 형편이 어렵지 않나, 저렴한 사택이 한 칸 비니 들어오지 않겠나, 부인이 다른 회사에서 근무해도 상관없으니……하는 이야기를 상사의 상사인 상무에게 듣고 모처럼 권해 주셨는데 거절하기도 그렇다고 아내와 의논하여 그쪽으로 이사하게 되었다.

월세는 과연 엄청나게 쌌다. 아마 670엔이었을 것이다.

그러나 어쩌다 보니 회사가 소유하게 되었다는 그 사택은 낡아서 여기저기 비가 새는 집이었다. 그 동네에서 그 집 외에는 회사와 관계가 없었고, 근처에는 직장인도 없었던 모양이라 둘이서 출근할 때는 빤히 쳐다보는 사람이 많았다. 쥐도 많아서, 어느 날 아침 일어나 보니 아내가 좋아하던 웃옷 뒤쪽이 쥐가 갉아 너덜너덜해진 것을 발견한 적도 있었다. 회사로서는 호의를 베풀어 준 것이었겠으나, 주공 아파트에 익숙해질 참이었던 우리에게는 전전戰前의 가난한 일본으로 돌아온 것만 같은 느낌이었다.

게다가 이대로 회사에 다니는 게 맞는 일인가 하는 고민도 점점 커지고 있었다. 회사는 건실하고 가정적인 곳이었지만(지금도 좋은 회사였다고 생각하고 있다) 기간산업에 부속된 업종이기에 어쩔 수 없었던 것인지, 경기가 좋아질 때는 마지막으로 좋아지고 경기가 나빠질 때는 제일 먼저 나빠지는 운명이라 시대를 앞서 진취적으로 나아가자는 분위기는 아니었다.

결혼하기 조금 전부터 나는 고등학교 시절까지 푹 빠져 있었으나 언젠가부터 그저 취미가 되어 버린 문학에 대한 관심을 부활시켜 진지하게 소설을 써보려고 하고 있었는데……이 시점에서 잘만 하면 붓 한 자루로 밥벌이를 할 수 있게 되어 이런 생활과는 안녕할 수 있지 않을까 하는 욕심이 생겨 본격적으로 글을 쓰게 되었다.

문학청년이었던 고등학교 시절의 나를 알고 있는 아내에게는 그것이 자연스러운 흐름으로 보이지 않았을까? 그렇기도 하고, 아내 역시 책을 좋아해서 문학 전집을 사 모으던 사람이었으니 나의 글 쓰는 재능(달리 재능도 없을 것 같고)에 기대하는 듯한 낌새가 있었다.

내가 회사 일을 가지고 집에 와서 늦게까지 하고 있어도 아내는 "나 내일 일찍 일어나야 되니까 먼저 잘게."하고 얼른 이불에 들어갔는데, 내가 원고용지를 마주하고 있으면 언제까지든 깨어 있으면서 차를 타주고 과자를 가져다 주었던 것이다.

그러던 내가 처음에는 이른바 전통적 순문학을 쓰면서 SF는 짬짬이 심심풀이 삼아 쓰다가, 갈수록 SF에 본격적으로 빠져들게 된 사연을 쓰자면 길어지니 여기서는 생략하겠다.

여하튼 아내는 내가 글을 쓸 때는 기분이 좋았고 협력적이었다.

사택에는 2년 있었다.

탈출을 꾀하고자 주공 아파트 분양에 몇 번 응모하던 끝에 새로 세워진 한난阪南 단지에 옮기게 된 것이다. 아파트 관리비를 포함하면 월세는 670엔에서 1만 엔이 되었다. 왜 그런 비싼 곳으로 가느냐고 묻는 회사 사람들에게 나는 그 아파트가 나의 부모님 댁과 장인, 장모 댁의 중간 지점에 위치하기 때문(실제로 그랬다)이라고 대답했으나……회사를 나와도 어떻게 먹고 살 수 있을 것 같다는 전망이 조금씩 보이기 시작하던 참이었다.

아내는 임신 8개월째까지 일했다.

내 첫 책의 출간 결정이 났을 때 아내는 장녀를 낳고 친정에서 자고 있었다. 책을 내겠다고 쓰인 편집자의 편지를 가져가서 보여 주자, "잘됐네." 하고 담담하게 말했다.

아내가 죽고 나서 그런 일은 거의 없어졌으나, 예전에는 곧잘 "회사를 나올 때 부인은 뭐라고 하던가요?"라는 질문을 받았다.

단적으로 대답하는 것은 어려우므로 나는 늘 답이 궁하였다.

일반적인 상식에 따르면 남편이든 아내든 지금 하는 일을 그만두게 되었을 때 결심한 바를 배우자에게 선언한다는 공식이 있는 것 같다. 그렇지 않다고 하더라도 그만두어야 할지 계속해야 할지를 심각하게 의논하게 되지 않을까. 아무래도 작금과 같은 어려운 상황에서는 일방적으로 해고 통보를 받는 경우도 적지 않을 터이고, 그 통보가 갑자기 내려진 것인지 미리 예상하고 대책을 세우고 있었는지 등에 의해 전개되는 양상은 다양하겠지만…….

그러나 우리의 경우, 상황의 추이에 따라 어쩌다 보니 합의가 형성된 듯한 느낌이 있었다. 조금씩 원고가 팔리기 시작하자 당연히 과다 노동을 하게 되었는데, 그만큼 회사에서는 잔업하지 않고 집에 갈 수 있게끔 근무 시간 중에 전력투구했다. 그러나 점점 더 파김치가 되면서 지각 횟수가 늘었고 회사에서도 마이너스 평가를 받게 되었다. 이상한 표현이지만, 회사에 있을 수 없게 될 때까지의 허용 시간을 가능한 한 늘리고, '아웃'되기 전에 '테이크오프'하려고 했다는 느낌이었던 것이다. 아내는 내가 취한 태도를 긍정하고, 원고 쓰기에 관련된 작업을 돕거나 어떤 때는 원고를 받칠 것이 갖춰져 있지 않은 집에 튼튼한 책상을 주문하여 배달시켜 주기도 하였으니……조만간 회사를 나온다는 것은 거의 예정된 것이나 마찬가지였다. 그래서 다음 달에 사표를 낼 거라고 내가 이야기했을 때도 "다음 달에 내려고?"라며 고개를 끄덕였을 뿐이었다.

하긴 아내 역시 예의 질문을 받았을 때 "글쎄요……그냥 어떻게 되겠지 싶었어요."와 같은 대답을 하는 것이 보통이었던 것 같다.

한편 회사를 나온다는 말을 듣고 걱정을 해준 친구가 있어서 나는 친구의 소개로 광고 대리점의 임시직 카피라이터가 될 수 있었다. 일만 제대로 해주면 근무 시간은 까다롭게 간섭하지 않겠다는 약속이었다. 마침 첫 책이 갓 나왔을 참이라 그것을 들고 면접에 갔는데, 카피에 대해서는 아마추어나 다름없는 나를 뽑아 준 것은 도쿄 올림픽을 앞두고 일손이 부족했던 시기였기 때문일 것이다. 운이 좋았다고 할 수 있다.

딸을 낳은 아내는 이미 퇴직한 상태였고 아내의 퇴직금과 실업보험으로 가계를 꾸리고 있었다. 그때는 그 실업보험이 막 끊긴 후였다. 지금 생각하면 무척 위험한 다리를 건너고 있었다 싶다.

프로들 틈바구니에서 발버둥을 치던 고용직 카피라이터 노릇은 원고 수입이 상승함에 따라 2년으로 끝났고, 나는 프리랜서가 되었다.

아내는 항공편으로 원고를 보내 주거나 내가 갈 수 없는 행사에 대신 참가해 주었고, 세무와 관계된 사무를 처리해 주기도 하였다. 그런 일은 힘들지 않다고 했다.

원고를 완성하면 아내에게 읽어 달라고 하는 것이 관례였다. 알아볼 수 없는 글자나 오탈자를 지적받기 위해서였다. 때로 감상을 말해 주거나 "여자는 이렇게 생각 안 해."라고 지적해 주기도 했기에 아내가 읽어 주는 것은 여러모로 도움이 되었다.

그러면서도 아이 키우기나 집안일이 있어 바빴을 텐데 아내는 지금이 좋다고 생각하는 것 같았다. 내가 글을 쓰다 막혀서 텔레비전을 보고 있으면 "공부해야지."라고 하다가 아, 공부가 아니라 일이지, 하고 웃기도 했는데……

아이를 감독하는 어머니가 된 것 같은 기분이 있었을 테다.

어느 날, 하기 싫다기보다 이런 일을 하는 것은 나 자신의 가치관과 맞지 않는다고 느껴지는 주문이 갑자기 들어왔다. 그게 또 깜짝 놀랄 만큼 파격적인 원고료가 조건이었다. 가계가 쪼들려서 발을 동동 구르고 있었던 시기였다. 그 일을 하면 편해진다. 고민하던 날더러 아내가 "자기가 하기 싫은 일이면 거절하면 되잖아. 살림은 어떻게든 되지 않겠어?"라고 말해 주어서 거절했던 일도 있었다.

그러나 아내가 좋은 SF 독자였는가 하면, 그렇지는 않았던 것 같다고 대답할 수밖에 없다.

아내의 독서 경향은 나의 그것과 겹치는 부분도 있었지만 전체적으로는 상당히 달랐다. 내가 한때 순문학, 개중에서도 새로운 흐름의 문학을 주로 읽었던 반동으로 자연과학이나 역사에 관심을 쏟았던 데 반해 아내는 고전 문학이나 남녀의 사랑을 다룬 작품을 좋아했고 유행하는 책도 곧잘 읽었던 것 같다. 거기에 생활인으로서의 의식이 더해져 있었으니 SF와는 어지간히 떨어진 위치에 있었다고 해야 할 것이다. 나의 영향 때문에 SF적인 관점으로도 사물을 보게 되기는 했지만 그것은 어디까지나 부수적인 차원이었다.

그러한 감각으로 내가 쓴 글을 읽는 것이다. 따라가기 힘든 내용은 따라가기 힘들다고 분명히 말했다. SF적 발상을 적극 도입한 긴 작품은 대강 훑어볼 뿐 감상도 입 밖에 내지 않았다. 아내에게 있어 소설이란 소설로서의 완성도가 높고 심금을 울리거나 재미있는 내용이어야 했으며, 독자를 무시하거나 경시하는 것은 인정하기 어려웠던 것으로 보인다. 기상천외하고 황당무계하더라도 긍정할 수 있는 부분이 있으면 재미있게 읽을 수 있지만, 소설답지 않은 소설은 쳐다보지도 않았다. 그러한 의미에서 뻔할 뻔 자인 사회 비판이나 대놓고 풍자적인 내용을 쓴 작품은 싫어했던 것 같다.

다만 『수수께끼의 전학생』을 비롯한 이른바 청소년 소설의 경우에는 사정이 조금 달랐다. 이러한 작품은 초, 중학생 대상의 학습지 연재물이었으므로 평이하면서도 독자를 지루하게 하지 않는 것이 전제 조건이었다. 맨 처음에 "어떤 대가가 썼다고 하더라도 독자에게 그런 것은 상관없습니다. 재미있지 않으면 끝이에요."라는 말을 편집자에게 듣기도 했다. 나는 어깨의 힘을 빼기 위해 끊임없이 신경을 쓰면서도, 나에게 있어 반은 일상이 된 SF적 감각을 이야기 속에 투입하였다. 무대도 대부분 내가 사는 곳의 주변이나 근처에 있는 모교로 삼고 내가 그 나이였을 적을 상기想起하면서 썼다. 솔직히 말해서 쓰기 쉬웠다.

아내에게 있어 그러한 소설은 일상과 평소에 내가 이야기하던 것들이 어우러진 것으로 보이지 않았을까? 딱히 감상을 말하는 것은 아니었지만 편안하게 읽어 주었던 것 같다. 평범한 일상 속에서 내가 만든 '이야기'를 받아들이고 있었다고 할 수 있을지도 모르겠다(그러한 청소년 소설의 평판이 좋았던 것도 관계가 있었음이 틀림없다). 평화로웠다. 그래서 차례차례 새 작품을 쓰게 되었지만, 작품 수가 늘어남에 따라 새로운 경향과 테마를 모색할 수밖에 없게 된 데다, 세월이 흐르며 나 자신의 청소년 시절에 대한 기억도 흐려졌고 학교의 모습도 점점 바뀌어 갔기에 당초와 같은 느낌은 없어지고 말았다.

하여간 아내에게는 아내의 소설의 기준이 있었으니 내가 쓰는 모든 것에 관심이 있었던 것은 아니라는 말인데, 그야 당연한 일이다.

아내와 오랫동안 생활하면서 나는 그것을 이해하게 되었고, 또한 나 자신도 나이를 먹음에 따라 소설이란 것에 대해 다방면으로 생각하게 된 까닭에 글을 쓸 때 아내와 같은 독자를 의식하게 되었다. 달리 말하면 자신에게 결여되어 있었던 것들이 이것저것 보이게 되었고 어떻게든 그것을 메우려고 하게 되었다고나 할까? 그렇게 되면 될수록 자신이 모르는 분야나 감각이 점점 많아지는 것 또한 사실이지만······.

아내 또한 그것을 알고 있었을 터이다.

아내의 마지막 입원이 1개월이 넘어가고 이제는 상황을 만회하기는 불가능하다는 것이 명백해져 가던 즈음, 아내는 갑자기 "장례식은 어떻게 할까?"라고 물었다.

만일의 경우 어떻게 해야 할까 하는 상념이 머릿속을 간간이 스쳐간 것은 사실이지만, 그런 생각을 말로 할 수는 없다. 나는 아무것도 생각하지 않았다고 대답했다.

뭐라도 좀 해야 하는 거 아닌가, 하고 아내는 말했다. 그리하여 나는 그날 병원을 나와 집으로 향하는 도중(하루에 한 번은 주변 상황을 파악하고 외부와 연락하기 위해 집에 갔다) 지하철 역 근처에 있는 대형 장례회사의 지점(?)에 들러 팸플릿을 받고 설명을 들었다. 저녁에 병원으로 돌아와 함께 팸플릿을 보면서 의논하여 어디에서 장례를 치를지 결정하였다(말하지 못했던 것이 하나 있다. 나는 장례회사에 들르는 참에 서점에서 장례 절차를 설명한 책을 한 권 샀다. 이제 돌이킬 수 없나, 이리 되고 마는 것인가……하는 어두운 마음으로 산 책이었다. 그 책은 숨겨 놓았다. 아내의 사후에 알았던 것은, 딸도 비슷한 책을 몰래 가지고 있었다는 것이었다).

이 상담을 한 뒤, 아마도 그다음 날.

"나, 해줬으면 하는 게 있어."

아내가 침대에서 상반신을 일으키며 말을 꺼냈.

아내는 장례식 때 자기 이름만 쓰면 누구인지 모르는 사람도 많을 것이라고 했다. 나의 본명은 무라카미 다쿠지이고, 아내는 무라카미 에쓰코다. 장례식이니 상식적으로 본명으로 거행하는 것이 일반적일 터이다.

"그러니까 장례식에는 작가 마유무라 다쿠 부인, 무라카미 에쓰코라고 써줬으면 좋겠어."

아내는 말했다.

참석할 사람이 누군지 모르면 문제가 된다고 이유를 붙였지만, 아내의 본심은 함께 인생을 보냈고 줄곧 협력자로서 곁에 있었던 것을 증명하고 싶다는 것이었음이 틀림없다. 나는 그것을 가슴이 저리도록 느낄 수 있었다.

아내의 바람대로 되었다.

밤샘과 영결식의 안내를 위해 길에 세운 표지판에 아내가 말한 그대로 적혔고, 유체와 함께 차로 장례식장에 향하던 나와 딸은 아, 잘 쓰여 있네, 하는 이야기를 나누었다. 영결식에서 나는 이렇게 된 사연을 참석해 준 분들에게 전하고 양해를 구했다. 그때 나의 뇌리에는 전년 3월에 둘이서 마쓰오데라松尾寺에 갔을 때, 기원을 쓰는 팻말에 '질병쾌유'라고 쓰라고 내가 두 번이나 말했는데도 아내가 그 말을 듣지 않고 '문운장구文運長久'라고만 썼던 것이 스쳐 갔다. 나의 협력자였다는 사실에 아내는 자부심을 가지고 자랑스럽게 생각하고 있었던 것이다.

하루 한 편: 두 번째

898일 어느 서평

 이 작품을 전부 다 읽었을 때 필자는 자신의 과거에 대한 회고와 감개, 그리고 악몽의 기억, 나아가 상실감 속에서 한동안 넋을 잃고 있었다.

 소설이니 당연히 과장이나 픽션은 가미되었겠으나 상황의 본질은 그야말로 똑같다고 해야 할 것이다.

 이야기는 주인공이 소년이었을 적부터 시작한다.

 주인공에게 있어 책이란 즐거움의 원천이었다. 지식을 제공해 주는 것이었고, 정서를 풍부하게 해주는 것이었고, 자신의 리듬에 맞춰 가상 체험이 가능한 수단이기도 했다.

 그러나 동시에 책은 종이를 겹쳐 묶은 물체로서 공간을

점유하는 것이며, 상품이기도 하기에 손에 넣기 위해서는 경제적 대가를 치러야 한다.

소년 시절의 주인공은 경제적 여유가 없었기에 마음껏 책을 살 수 없었다. 사지 못한 책은 남에게 빌리거나 도서관에 가서 읽었다. 독서량은 갈수록 증가하였으니 이것은 괴로운 일이었다.

따라서 주인공은 책에 대한 집착―그것도 할 수만 있다면 원하는 책은 전부 소유하고 싶다는 강한 욕구를 품게 되었던 것이다.

주인공은 성장함에 따라 스스로 글을 쓰게 되었고, 얼마간의 성공을 거두었다. 엄청난 고가가 아닌 이상 가지고 싶은 책은 전부 가질 수 있게 되었다.

책이 늘어났다.

집 안에는 전부 둘 수 없게 되어 책을 보관할 장소를 빌렸으나 그래도 모자랐다. 결국에는 따로 땅을 구입하여 서고를 세웠다.

그러나 상황이 바뀌었다. 사람들은 점차 책을 읽지 않게 되었다. 책 말고도 오락거리로 삼고 지식을 습득하게 해주는 매체가 급속하게 늘어나 보편화되었기 때문이다.

―여기까지는 미디어의 역사를 다소라도 건드려 본 사람이라면 바로 상상할 수 있는 일일 것이다.

저자는 이 주인공의 심리 변화를 세심하게 그려 낸다.

그러나 여기서부터 바로 이 작품의 진면목이 드러난다.

책은 점점 더 늘어났다.

서고는 가득 차게 되었다.

그래도 책은 늘어난다.

새 서고를 세울지, 불필요해진 책을 처분할지의 문제가 되었으나……전자를 택하기에는 경제력이 없었고 후자를 실행하기에는 미련이 있었다. 그럼에도 마침내 곤란한 지경에 빠져 일부를 처분하려고 한 시점에 이미 낡은 책을 수거해 가는 사람은 없어진 상태였다. 그런 수요가 없는 세상이 된 것이다. 처분하고 싶으면 소유자 자신이 자력으로, 환경 파괴 방지법에 걸리지 않을 방법으로 처리해야 한다. 그만한 양의 책을 처분하기에는 큰돈이 들 것이었다.

서고에는 이미 책꽂이가 가려질 만큼 많은 책들이 산더미처럼 쌓여 있었다.

그즈음부터 서고 주변에 사는 사람들은 기묘한 소리에

시달리게 된다. 여럿이 각자 하고 싶은 말을 떠드는 것 같은 소리가 바깥으로 흘러나오는 것이었다.

항의를 받은 주인공은 서고에 들어가고, 쌓인 책들의 하소연, 울음, 분노, 비난, 비명에 압도당한다. 책들은 자신들을 어떻게 좀 해달라고 말하고 있는 것이었다. 여기에서 책 한 권 한 권이 주인공과 대화하는 장면이 아주 대단하다. 그 책들의 내용을 알고 있는 사람이라면, 맞아, 맞아 하고 고개를 끄덕이며 읽을 터이다.

주인공이 할 수 있는 일은 없었다.

서고의 방음 설비를 강화할 수밖에 없었다.

그래도 소리는 밖으로 새어 나왔다. 점점 커졌다. 결국 어떻게 좀 해줘, 어떻게 좀 해봐, 하고 소리 모아 외치는 대합창이 되었다.

어느 날, 누군가 서고에 불을 지른다. 강력한 연소제燃燒劑를 끼얹어 지른 불이었다. 서고의 존재를 싫어하고 있던 사람의 소행이리라.

불은 내부로 번져 불길이 활활 치솟는다.

부리나케 달려간 주인공은 그 자리에 털썩 주저앉고 만다. 아무리 처분에 곤란을 겪고 있었다고 해도 사랑스러운 자신의 책들이 불타고 있는 것을 견딜 수 없었던 것이다.

서고의 천장과 벽이 무너졌다.

그리고 주인공과 소방대원, 구경꾼들은 보았다.

무수한 책들이 페이지를 펄럭이며 공중으로 비약하는 광경을.

도망가는 것이었다.

그러나 그 책들에는 모두 불이 붙어 있었다. 불타면서 책들은 페이지를 날개처럼 파닥이며 있는 힘껏 상승하고, 밤하늘에 떠올랐다가 힘이 다해 차례차례 추락하였다.

이 책들이 불타면서 날아가다 떨어지는 마지막 장면은 감동적이고 애절하며 아름답다.

나이가 있는 사람은 어디든지 책이 있었던 과거를 떠올릴 터이고, 전자 기록 시대가 된 뒤에야 철이 든 젊은 사람은 그러한 마음과 시대가 있었다는 것을 알게 될 것이다.

저자의 묘사력을 흠뻑 맛보고 싶은 작품이다.

위의 글은 21세기 초반의 전자 기록에서 발견된 서평이다.

그러나 아무리 검색해도 서평의 대상이 된 작품은 나오

지를 않았다.

  백 년 이상 된 기록인 만큼 삭제되어 소멸되었을 가능성이 높다. 읽고 싶어도 읽을 방도가 없다.

1999년 12월 30일

1098일 다이라링·그 외

C가 말했다.

"요즘 다이라링 때문에 고민이야. 어제도 숙박한 호텔 화장실에서 똬리를 틀고 있더라고."

"뱀인가?"

나는 물었다.

"뱀보다 훨씬 가늘어. 그 대신 몸이 긴 것 같아. 나는 것은 본 적이 없지만, 작은 날개가 한 쌍 있어."

C가 대답했다. "어쨌든 너무 가까이 다가가면 순간적으로 깨무는 게 문제야. 한 번 당하고 나서 이틀 동안 열이 나고 앓아누웠어. 거리를 두고 신경 쓰지 않고 있으면 없어지긴 하지만. 어두침침한 곳이나 그림자 속에 있으면 눈치

채지 못하고 다가가서 물리니까 늘 조심해야 해."

"다이라링이란 건 처음 들어 보는데?"

"그런 게 있어. 책에도 나와 있어."

C는 책꽂이에서 두툼한 책을 꺼내 내게 건넸다.

괴물도감이라는 제목이었다.

20년 전에 발행된 책이었는데, 편집자 이름도 출판사명도 나는 모르는 것이었다.

"헌책방에서 찾았어."라는 C의 말. "다이라링이라는 항목을 찾아봐."

나는 페이지를 넘겼다.

다이라링=상상 속의 괴물. [갈리아 사정] 등에 기술된 바 있다. 뱀과 닮았지만 동체가 가느다랗다. 굵기가 5밀리미터 정도다. 몸길이는 10미터 이상이라고 한다. 날개가 있고 비행능력을 가지고 있으며, 잡으려고 하는 자를 깨문다고 한다. 다이라링을 본 자는 병에 걸린다는 설도 있다.

"상상 속의 괴물이라고 하더라도, 그것을 직접 보고 그놈한테 당하기도 한 사람으로서는 실재의 괴물인 거야."

C는 이렇게 말했다. "그런데 나는 종종 다이라링과 마주치는데도 병에 안 걸리는 건 왜 그럴까? 그 부분은 설명이 틀린 건지, 다이라링은 다이라링이라도 변종인 것인지, 아니면 내 정신력이 강해서 저항력이 있는 건지……어쨌든 간에 빨리 안 나오게 되면 좋겠는데 말이야."

나는 머지않아 너를 둘러싼 환경이나 네 자신의 마음가짐이 바뀌면 출현하지 않게 될 거야—라는 말로 C를 위로하고 헤어졌다.

집에 와서 서랍을 열자, 또 그놈이 서 있었다.

가느다란 금색 눈.

커다란 코.

옆으로 길게 찢어진 입.

아랫부분 반쪽은 안개처럼 뿌옇다.

나는 반사적으로 서랍을 닫았다.

5분 동안은 열지 않는 것이 안전하다.

2, 3초를 마주보고 있으면 그놈은 파란 바람을 입에서 내뿜고, 나는 한 시간도 넘게 심한 두통에 시달리게 된다.

5분 이상 닫아 놓은 뒤에 열면 이미 그놈은 언제나 그렇듯 없어져 있을 테다.

서랍뿐만이 아니다.

변소 문이나 창문을 열면 종종 그 녀석이 서 있기에 즉시 닫아야만 한다.

나는 그놈의 이름을 알고 있다.

어떤 책에선가 본 적이 있다.

그러나 그놈의 이름은 말할 수 없다.

이름을 입에 담거나 글로 쓰면 바로 병에 걸린다고 한다.

내가 읽은 책을 쓴 사람도 당연히 병에 걸렸을 것이다. 그 사람이 그 뒤로 어떻게 되었을지 나는 모른다.

그리하여 나는 여기에 그 이름을 밝히지 않겠다.

C의 말대로, 설령 그것이 상상 속에 있는, 존재하지 않는다고 여겨지는 것이라 하더라도 그놈을 직접 보고 당하기도 한 사람에게 있어서는 실재의 괴물인 것이다.

내 생각이지만, 누구든지 어떤 괴물 때문에 고민하고 있는 것은 아닐까?

그렇다.

당신 역시…….

2000년 7월 17일

1116일 매미가 되다

에어컨이 망가진 뒤 3일째의 새벽이었다.

나는 이불 위에서 책상다리를 하고 우두커니 창문을 바라보고 있었다.

더워서 자기도 모르는 사이에 속옷을 벗어 버리고 알몸뚱이가 되었다. 시트는 땀으로 푹 젖어 있었다. 띄엄띄엄 잠들다가 눈을 뜨다가 하고 있었다. 수면 부족이었다.

그때 아, 오늘은 휴일이었지―하는 생각이 떠올랐다.

일이 있는 날에는 샤워를 해서 몸을 씻고 회사에 당도하기만 하면 적어도 저녁까지는 냉방이 틀어진 사무실에 있을 수 있다.

하지만…….

요사이 무더위가 계속되고 있다.

오늘도 더울 것이다.

임대 원룸 빌라에서 아직 에어컨 수리를 안 해주고 있다.

밤이 되어 조금 서늘해질 때까지 어디로 피서를 갈 수밖에 없다.

그때.

매미가 울기 시작했다.

말매미였다.

바로 옆에서 우는 것 같았다. 절정에 접어들자 음량이 엄청나게 커졌다. 귀가 이상해질 것만 같았다.

나는 일어서서 창밖 베란다를 살펴보았다.

매미는 베란다의 빨래 건조대에 앉아 울고 있었다.

배를 부풀렸다 움츠렸다 하며 엄청난 소리를 방출하고 있었다.

매미는 나무에 앉아 수액을 빨면서 우는 것 아니었나?

그런데 빨래 건조대라니······.

절규가 조금씩 잦아들다가 다시 시작되기를 반복하고 있었다.

머리가 지끈거렸다.

그러나 나는 모처럼 여기까지 찾아와 울고 있는 매미를 쫓아내는 짓은 하고 싶지 않았다. 그래서 창문을 열지 않고 매미를 바라보고 있었던 것이다.

그렇게 더운데 왜 밤에 창문을 닫고 있었느냐고 물을 수도 있겠다.

잘 때 열어 둘 수는 없기 때문이다.

에어컨이 망가진 날 밤, 나는 창문을 활짝 열어 놓고 자려고 했다. 그러자 모기가 떼 지어 들어왔다. 창문을 열고 자니까 괜찮겠지 하고 모기향을 세 개나 피웠는데도 효과가 없었다. 고작 모기향으로 모기 대군을 전멸시키는 것은 불가능했던 것이다. 나는 몸의 구석구석을 물려 벅벅 긁다가 피투성이가 되었다. 아직까지 온몸이 아팠다.

말하자면 그러한 까닭으로, 나는 유리창 너머 매미를 바라보고 있었다.

어차피 금방 날아갈 것이 틀림없다.

역시나 그랬다.

그 매미는 쐐애애 하는 소리를 내고 어딘가로 가버렸지만……곧, 그것도 두 마리가 날아와서 빨래 건조대에 앉더니 쐐애쐐애쐐애 하고 다시 시작하였다.

이어서 또 한 마리.

창문을 열어서 내쫓을까?

아니, 그러진 말자.

나는 줄줄 땀을 흘리며 바보처럼 매미들을 보고 있었다.

쐐, 쐐, 쓰래래, 쓰래래, 쐐애쐐애쐐애쐐애.

쑤애쑤애쑤애쑤애.

재앵, 재앵, 재앵, 쟁쟁쟁.

…….

태양 볕이 이미 강하게 내리쬐고 있다.

저 속에서 절규하는 것, 그것이 살아 있다는 증명인 것일까?

별안간,

나는 눈부신 빛 속에 있었다.

나는 매미가 되어 있었다. 빨래 건조대에 매달려 절규하고 있었다.

절규는, 쾌락이었다.

주위가 온통 밝은 가운데 몸을 떨며 부르짖는 것은, 해방이었다.

노래할 만큼 하고 직성이 풀린 나는 하늘을 가르고 날아갔다.

공기는 빛나는 흐름과도 같았다.

지붕도, 벽도, 도로도, 전봇대도 햇빛 세례를 받고 있었다.

나는 계속 날다가 나무들이 있는 곳에 도착하자, 활 모양을 그리며 하강하여 나무줄기에 매달렸다.

수액을 빨았다.

빨아들이자 생명력이 다시 차올랐다.

나는 절규를 개시했다.

하늘을 찌를 듯한 목소리로 부르짖었다.

정신이 들어 보니 나는 이불 위에 드러누워 있었다.

꿈이었나?

그러나……눈부신 빛 속에서 부르짖던 기억은 한동안 사라지지 않았다.

× × ×

또 여름이 왔다.

매미의 계절이다.

말매미 소리가 들려오면 나는 40년 전의 그때를 떠올린다.

요전에 찾아가 봤으나, 그때 내가 살고 있던 원룸 맨션은 이미 없어진 상태였다.

그때, 꿈이었는지 환각이었는지 아니면 진짜 변신이었는지 모르겠지만—빛의 한가운데에서 에너지 그 자체가 된 것 같았던 감각을 나는 잊지 않기 위해 노력해 왔다. 그것이 지금까지 살아오는 데 힘이 되어 준 것 같은 느낌이 들기 때문이다. 기묘한 기억이지만, 나에게는 소중한 기억인 것이다.

2000년 8월 4일

1242일 배춧잎이 훨훨

일 때문에 잡은 술 약속이 길어지는 바람에 Y씨가 택시를 타고 귀갓길에 접어든 것은 오전 3시가 다 되어서였다.

거의 인사불성인 상태였다.

택시에서 내려 집에 들어가려고 하던 Y씨는 문설주에 무언가 얹혀 있는 것을 깨달았다.

집어 들었다.

1만 엔짜리 지폐였다.

여기에 이런 게 왜 있나, 하고 몽롱한 머리로 생각하다 시선을 돌렸더니 문짝 아래에도 한 장, 길에도 한 장씩 1만 엔짜리 지폐가 떨어져 있었다.

아니,

여기저기에 몇 장씩 1만 엔짜리 지폐가 떨어져 있다.

곤드레만드레 취했어도 돈 얘기가 나오면 정신이 든다.

전부 23장.

누가 어쩌다 떨어뜨렸는지는 알 수 없다.

돈을 주웠다고 경찰에 신고할까, 내가 가져 버릴까……어떻게 할지는 잠든 뒤에 고민해야겠다고 생각하며 Y씨는 집으로 들어갔다.

숙취가 심했다.

Y씨는 머리를 감싸 쥐고 일어나서—그 순간 어젯밤에 있었던 일을 떠올렸다.

1만 엔짜리 지폐.

23장.

확인해 보니 고스란히 책상 위에 놓인 채 문진에 눌려 있었다.

이걸 어쩌면 좋을까?

고민하면서 Y씨는 텔레비전을 켰다.

뉴스가 나왔다.

한밤중을 지난 시간, 전국 각지에서 1만 엔짜리 지폐가 비처럼 내렸다고 한다.

추측컨대 수십만 장은 내렸으리라고 여겨진다는 것이 아나운서의 말이었다.

게다가 위조지폐가 아니라 진짜 1만 엔짜리라는 판정이 나왔다고 한다.

주워서 신고한 사람도 많이 있었지만, 그 이상으로 주운 지폐를 자기 주머니에 집어넣은 사람이 훨씬 많다는 것이었다.

누가 무슨 수단을 써서 뿌렸는지도 알 수 없다고 했다.

Y씨는 주운 1만 엔짜리 지폐를 자기 것인 셈 치기로 했다.

하늘이 주신 선물인 줄 알자.

그런데,

숙취가 심했다.

다행히 오늘부터 연휴였기에 Y씨는 다시 이불 속으로 파고들어 갔다.

하루 내내 잠만 잤다.

다음 날 아침.

책상에 놔두었던 1만 엔짜리를 확인해 보려고 했는

데……푸슬푸슬한 잿더미 같은 것으로 바뀌어 있었다.

이게 어찌된 일이지?

Y씨는 텔레비전을 켰다.

입이 떡하니 벌어졌다.

하늘에서 떨어진 1만 엔짜리 지폐가 전부 재가 되어 버렸다는 것이었다.

그것도 24시간 지났을 때 순식간에 전부 재가 되어 버렸다고 했다.

아깝게 되었다.

쓸 걸 그랬다.

그러나 Y씨의 경우는 그나마 나은 것이었다.

하늘에서 떨어진 1만 엔짜리 지폐는 Y씨가 자고 있었던 그날 온갖 장소에서 사용되었다. 물건 값으로 치러졌던 것이다.

그 매상금이 재가 되고 말았다.

물건을 팔고 그 1만 엔짜리 지폐를 받은 사람은 엄청난 손해를 본 것이다.

반년이 지났다.

심야에 귀가한 Y씨는 웬걸, 또 여기저기에 1만 엔짜리 지폐가 흩어져 있는 것을 보고 줍기 시작했다.

주운 지폐는 2백 장 이상.

텔레비전 뉴스에 따르면 이번에 떨어진 지폐 숫자는 이전의 수십 배는 되는 것 같다고 했다.

다음 날 Y씨는 그 1만 엔짜리 지폐로 마구 쇼핑을 했다. 재가 되기 전에 써버리면 1만 엔짜리 지폐이기 때문이다.

너도나도 길에서 주운 1만 엔짜리를 그날 안에 다 써버리려고 날뛰었다. 1만 엔짜리를 받은 사람은 그 돈이 주운 것인지 아닌지 알 수 없으니, 재가 되기 전에 써버리려고 한 것이다.

이를테면 폭탄 돌리기 같은 현상이었다.

그러나.

이번에 떨어진 1만 엔짜리 지폐는 24시간이 지나도, 48시간이 지나도, 며칠이 지나도 몇 개월이 흘러도 재가 되지 않았다.

그 덕택에 일본의 경기는 금세 좋아지기 시작했다. 동시에 인플레이션도 시작되었다.

× × ×

21세기가 되면 이 정도 일은 일어나지 않을까요?
일어났으면 좋겠는데 말입니다.
도대체가 여러분, 21세기가 되면, 21세기가 되면 하고 입을 모아 말씀들을 하시지 않습니까? 어지간히 좋은 일이 있을 것만 같은 말투로 그리들 이야기하시지 않습니까?
그렇다면 이 정도 일이 있어도 좋지 않겠습니까?

2000년 12월 8일

1347일 강수시대

오후였다.

재수 없게도, 나는 신사神社의 긴 돌계단을 내려가고 있던 참이었다.

문득 주위가 어두워져서 하늘을 올려다보자 순식간에 까매지고 있었다.

강수降水다.

옛날의 비와는 다르다.

지금은 강수다.

지상 문명의 영향인지 뭔지, 물이 내리는 방식이 전혀 딴판이 되었다.

고작 1분, 2분 만에 하늘의 상태가 변하고 물이 한꺼번에 떨어지는 것이다.

물론 예보는 있다.

그러나 옛날 일기 예보와는 달리(옛날에도 곧잘 틀리곤 했지만) 예보는 도대체가 믿을 수 없다. 국지성인 데다 그 이동이 신속하기 때문이다. 애초에 강수운降水雲 발생을 예보하는 것 자체가 어려운 일이라고 한다.

지난 열흘간 나는 강수에 맞닥뜨린 적이 없다. 근처에서도 강수는 없었다.

앞으로 사흘 정도는 괜찮을 거라고 했다.

그래서 아무 준비도 하지 않았다. 누구든지 웬만하면 무거운 내수耐水 코트를 가지고 다니기 싫을 것이다.

내가 돌계단 위에 붙박여 서 있는 5초, 10초 사이에 주위가 캄캄해졌다.

돌계단에서 뛰어 내려와 그 옆의 나무들 아래로 갈 수도 있었으나……나무 아래 있다가 벼락을 맞는 사례가 많기에 순간 망설였던 것이다.

여하튼 이렇게 되고 나면 5미터 앞도 보이지 않는다.

나는 돌계단 위에 엎드렸다.

팟 하고 파란 빛이 순간적으로 모든 것을 비추고, 쿠르

룽쿠르릉키이이터컹터컹콰앙 하고 천둥이 쳤나 싶더니 굉음과 함께 물이 콸콸 쏟아지기 시작했다. 빗방울이 아니었다. 폭포가 그대로 떨어지는 것만 같은—강수였다.

나는 물벼락을 호되게 얻어맞고 위에서 아래로 거세게 흘러오는 물에 휩쓸려 돌계단을 굴러 내려갔다. 여기저기에 부딪쳤으나 머리를 감싸고 몸을 둥글게 만 채 버틸 수밖에 없었다.

나는 물속에서 허우적거리고 있었다.

그 물이 쭉쭉 빠져나갔다.

나는 일어났다.

물결이 아래를 향해 점점 움직여 갔다.

급속하게 세상이 밝아졌다. 흠뻑 젖은 돌계단과 나무와 내가 굴러가다 멈춘 지면이 햇빛을 반사하여 반짝거리고 있었다.

하늘의 구름은 이미 저 멀리 가버렸다.

몸 구석구석이 쑤시지만, 보아하니 무사히 끝난 것 같다.

나는 다시 걸었다.

경내를 나오자 구급차가 달렸고, 다친 사람이 들것에 실려 가고 있었다.

오늘 강수는 좀 셌군, 하고 사람들이 이야기하고 있었다.

집에 오자 집 주변도 강수가 덮쳤는지 다들 뒷정리를 하느라 분주했다.

아무리 강수시대에도 괜찮도록 지었다고 하지만, 평평한 지붕을 고수하던 이웃집은 결국 지붕이 뚫리고 말았다. 세월과 함께 나이를 먹은 지붕이 이번 강수를 버티지 못했던 것이 틀림없다.

5년 전에 현대식 원추형 지붕으로 바꾼 우리 집은 별일이 없었다.

아내는 화단의 배수 작업을 하느라고 정신이 없었다. 강수시대용 하단이라도 완전히 대비가 되지는 않기 때문이다.

저녁에 아이들이 학교에서 돌아왔다.

강수가 왔을 때 모두 바깥으로 뛰어나가 물장구를 치며 놀았다고 했다. 강수를 대비하여 학교 사물함에 예비 옷 한 벌을 넣어 놓았기에, 옷을 갈아입고 집에 온 것이다. 아내는 젖은 옷과 속옷을 주머니에서 꺼내 세탁기 안에 넣었다.

아이에게 있어 강수란 즐거운 해프닝인 것이다. 비를 모르는 아이들에게는 강수가 자연 현상이니 예삿일일 뿐이다. 강수가 왔을 때의 대처법도 알고 있고, 무거워도 늘 내수 코트를 가지고 다닌다.

나는 언제까지나 익숙해지지 못할 것만 같다.

물이 비라는 방식으로 차분하게 떨어지던 시대가 그립다.

나뿐 아니라 어느 정도 이상 나이를 먹은 사람들은 모두가 그럴 것이다.

그러나 이제 강우降雨의 시대는 다시는 돌아오지 않을 것이라고 한다. 학자들 말에 따르면 지구가 그렇게 바뀌어 버렸다고 한다.

나는 종종 생각한다.

내가 어렸을 적, 세상은 점점 변하고 있었다. 컴퓨터와 바이오 기술 등등이 세상을 휩쓸었고, 특별한 사람 몇몇을 제외하면 어느 정도 이상 나이를 먹은 사람들은 이미 따라가기 힘들어지는 추세였다. 우리는 은근히, 또는 노골적으로 어른들을 바보 취급했고 동정하기도 했다.

그와 비슷한 것일까?

강수시대가 되어 이번에는 우리가 바보 취급을 당하고

동정받을 차례가 돌아왔다는 것은 아닐까?

  그런가 보다 하고 체념할 수밖에 없을 것만 같다.

2001년 3월 23일

1449일 서재

"집을 신축했다면서? 축하해."
"그렇게 됐어."
"서재를 가지는 것이 소원이라고 했었는데, 만들었나?"
"응. 내 분수에는 다소 넘칠 만큼 사치스러운 책상도 들여놨고……마음에 들어. 요즘에는 집에 가서 시간만 나면 서재에서 책을 읽곤 하지."
"거 잘됐네."
"소원이었으니까."

"서재는 어때?"
"그게 말이야, 바깥일에 쫓기다 보니 요새는 좀처럼 여유가 안 생겨. 어제 오랜만에 책상 앞에 앉았더니 먼지가 뽀얗게 쌓여 있더라고. 청소를 했는데, 청소만 하고 나왔지."

"그래도 서재가 있다는 것만으로도 좋지 않아? 나처럼 그냥 집에 있는 상 앞에서 글을 쓰는 사람 입장에서 보면 부럽기만 하군."

"서재는 잘 있나?"

"……."

"쓰고는 있는 건가?"

"아니, 그럴 시간이 없어서……. 그게……이상한 일이 생겼어."

"무슨 소리야?"

"환각을 봐."

"환각?"

"서재에 들어가면 누가 이미 의자에 앉아 있어. 등만 보이고 얼굴은 모르겠는데, 내가 억지로 의자에 앉으려고 하면 휙 하고 사라져 버려."

"그건 안 좋은 환각인걸."

"서재를 며칠씩 비워 두면 그렇게 돼. 내가 항상 들어가 있으면 아무 일 없지만……그렇다고 해서 일을 팽개치고 서재에만 있을 수는 없으니 말이야."

"착각한 걸 거야. 괜히 신경을 쓰니까 그런 환각을 보는 거겠지."

"그렇겠지? 그래서 어제부터 하루에 꼭 한 번씩, 적어도 1분은 서재 의자에 앉아 있기로 했어."

"서재는 어떻게 됐어?"

"안 비켜."

"뭐라고?"

"내가 들어가서 의자에 앉으려고 해도 안 없어져. 실체를 가지게 되었어."

"설마."

"정말이야. 화가 나서 어깨를 붙잡고 비키게 하려고 했는데, 안 움직이더라고. 힘을 줬더니 돌아보지 뭐야. 얼굴이 보였어."

"아는 얼굴이었어?"

"아니! 얼굴이 없었어. 달걀귀신이야!"

"……."

"바닥을 설설 기듯 서재를 나와서 집사람을 불렀어. 집사람이 왔을 때 그놈은 이미 없어졌더군."

"……."

"그런데 다음 날 밤에도 나타났어. 또 앉아 있더라고. 용기를 내서 그놈의 어깨를 붙잡았는데 돌아본 그놈은 얼굴이 없었어. 집사람이 왔을 때는 없어졌어."

"괴담이군."

"어떻게 하면 좋을까?"

"글쎄."

"어떻게 좀 해야 할 텐데……집사람은 무서워하고, 나는 서재가 있는데도 들어갈 수가 없고……조치를 취해야 하는데."

"서재에 대해서는 안 물어봐?"

"물어보는 게 왠지 미안해서."

"서재, 없애 버렸어. 아깝지만 책상도 처분했고. 방은 다른 용도로 쓰기로 했어."

"그러면 어디서 책을 읽고 글을 쓰고 자료 조사를 하려고?"

"예전처럼 집에 있는 상 앞에서 하려고. 어쨌든 집 안에 귀신이 나오면 마음 편히 살 수가 없으니까 말이야."

나는 꿈을 꾸지 않게 되었다.

그가 집을 신축하고 서재를 가지게 되었다고 듣고 나서 얼마 후, 나는 어떤 서재에서 글을 쓰는 꿈을 자주 꾸게 되었던 것이다. 멋진 책상 앞에 앉아 흥겹게 글을 쓰고 있었다.

그러나 때때로 누군가 와서 나를 비키게 하려고 했다. 누군지는 모르겠지만 시끄러운 녀석이었다.

지금 생각해 보면 그곳은 그의 서재였던 것이 아닐까?

나는 글을 쓰는 것이 일이지만, 잘 팔리지 않는 작가라 가난하게 살고 있다.

그는 자기 일로 고소득을 얻고 있다. 취미로 책을 읽거나 글을 쓴다.

정말 서재가 필요한 것은 내 쪽인 것이다.

그런 마음이 있었기에 나는 그런 꿈을 꾸었던 것이리라. 그리고 믿기 어려운 일이지만, 그 꿈속의 나는 실체화하여 그의 서재를 점령하고 있었던 것은 아닐까?

그렇다고 하더라도 의자에 앉아 있다가 돌아본 내가 얼굴이 없었던 것은 다행한 일이었다. 나는 글을 쓸 때 집중하여 무아지경에 빠지기에 얼굴이 없어졌던 것이 분명하다.

물론 나는 이것을 그에게 말하지 않았다.

그나저나 만약 내가 집을 신축하게 되어 서재를 만든다면, 그리고 그것을 부러워하는 사람이 있다면 이번에는 내 서재에 귀신이 나오게 될 텐데, 내 집을 세울 만큼 돈을 벌 수 있으리라고는 절대 생각할 수 없으므로 그 점에 있어서는 걱정이 없다.

2001년 7월 3일

자기 주석

하루하루가 새겨지듯 지나가고 작품 수가 늘어남에 따라 나는, 내가 쓰는 글이 몇 가지 틀 중 어느 한 가지에 들어가게 되지 않았나 하는 염려를 품게 되었다. 천재도 아닌 데다 이제까지 자신 나름의 생활 스타일을 유지해 온 인간이 스스로 설정한 제약 속에서 글을 쓴다면 오히려 그렇게 되는 것이 당연할 터이다.

그러나 나는, 불가능할지도 모르지만 그런 상황이 되는 것을 어떻게든 피하고 싶었다. 이야기를 읽은 아내에게 아, 또 이 타입의 이야기군, 하는 말을 듣고 싶지 않았기 때문이다.

그러기 위해서는 발상의 폭을 넓히고 이야기의 스타일도 계속 고민하며 바꾸는 것이 필요했다.

노력은 했다고 생각하지만, 그것이 얼마나 성공했을는지……이제 와서 돌이켜 보면 꽤나 안간힘을 쓰고 있었던 것 같은 느낌이 든다.

그리고 한편으로 무의식중에 치달아 가고 있었던 현실이자 스스로도 긍정하고 있었던 사실은, 자기 투영의 정도와 아내와의 관계가 반영된 색채가 갈수록 짙어지고 있다는 것이었다.

"여보게, 지어낸 이야기는 언젠가 밑천이 드러나게 돼 있어. 그다음에는 점점 자신을 투입할 수밖에 없게 된다네."

이전에 나는 다작으로 알려진 어느 노대가로부터 이런 이야기를 들은 적이 있다. 그리 재능이 없는 나는 SF 같은 것을 쓰면서도 비교적 이른 시기부터 자신의 체험을 작품 속에 녹여 넣게 되었는데……그와 같은 경향이 당시의 상황에서 현저해졌다고 할 수 있지 않을까?

898회 「어느 서평」

『일과·하루 3매 이상』의 제9권에 수록된 작품으로, 횟수로 따지면 딱 중간쯤에 놓여 있다. 이야기의 구조가 이른바 이중 간접법을 취하고 있다는 점에서 이야기에 변화를 주려고 궁리한 산물이라고 볼 수 있겠다. 그리고 책에 대한 집착이나 책을 둘 곳에 대한 문제, 책이라는 것의 운명 등에 대한 생각은 나 자신의 것이기도 하다.

1098회 「다이라링·그 외」

상당히 현실적인 성격인데도, 아니 오히려 그렇기 때문인지 아내는 정체를 알 수 없는 기묘한 괴물이 나오는 것을 재미있어 했다. 이 이야기에는 그러한 계산도 들어 있었으나, 있을 리가 없는 괴물이라도 나온다면 그 당사자에게는 실재한다—는 것은 일반적인 진리임과 동시에 아내의 병에 대한 나의 마음이기도 했던 것이 확실하다(그것을 들은 자는 모두 죽는다는 괴담 '소대가리'[5] 이야기를 아시는 분은 쓴웃음을 지었을지도 모르겠다).

1116일 「매미가 되다」

젖 먹던 힘을 다해 집중하여 글을 쓰던 시절의 나.

아내와 둘이서 고되지만 열심히 살아가던 하루하루.

—를 투영한 내용이다.

읽으면서 아무 말도 하지 않았지만, 아내는 그 시절을 떠올리고 있었을까?

---

5. '소대가리'라는 아주 무서운 괴담이 있는데, 이 괴담을 들은 자는 공포를 못 이기고 경련하다가 사흘 안에 죽는다는 이야기다. 괴담을 지은 사람은 피해자가 많이 발생한 것을 안타까워하고 죽은 목숨들을 공양하기 위해 절로 들어갔으며, 사람들이 괴담을 들려 달라고 청해도 다시는 들려주지 않고 세상을 떠났다고 한다. 이 괴담을 아는 자는 모두 죽었기에 지금 전해지는 것은 '소대가리'라는 제목과 그것이 너무나 무서운 이야기였다는 사실뿐이다.

1242일 「배춧잎이 훨훨」

20세기의 마지막 해 12월에 쓴 글이다. 사람들은 21세기가 온다느니 21세기가 오면 어떻게 된다느니 하고 법석을 떨고 있었다.

그러나 아내는 21세기까지 생존이 가능할지 알 수 없었고 생존하더라도 극히 단기간일 터였다. 아내는 물론 나 역시 21세기가 어찌되든 상관없었다.

그런 상황이었던 우리로서는 이런 말이라도 해야 하겠다는 마음으로 쓴 이야기다.

1347일 「강수시대」

나이가 들어 세상의 흐름에 뒤처지는 모습을 미래로 옮겨 그린 이야기다. 황당무계하지만 어쩐지 있을 법한 미래를 묘사하려고 했다. 아내는 빙긋 웃으며 읽어 주었다.

1449일 「서재」

젊었을 적에는 집에 있는 상 앞에서 글을 쓰거나 찻집에서 펜대를 굴릴 수밖에 없었다. 나중에는 이야기 속 근사한 서재까지는 아니지만 글쓰기 전용 책상과 방을 가지게 되었다. 따라서 이 이야기는 내 의식의 이중 구조를 표현한 것이다. 얼굴이 없다는 부분을 보면 발상에 슬슬 융통성이 생기게 된 것 같다. 자화자찬이다.

하이쿠

***

　결혼하고 얼마 지나지 않았을 즈음, 본격적으로 소설 쓰기에 몰두하게 되기 전에 나는 하이쿠를 건드렸었다. 시도 곧잘 짓곤 했지만 친구가 만든 동인지에 싣거나 잡지에 투고하는 등 하이쿠를 쓰디 남은 자투리 시간에 쓰는 정도였다. 지금은 작품을 쓰지도 않을뿐더러 이 책의 내용과는 관계가 없으므로 이 이상의 설명은 줄이겠다.

　문학을 좋아하던 나는 고등학생이 되면 문학 동아리에 들어가려고 했으나, 동아리는 존재하지 않았다. 문학 동아리는 해체되었다고 했고 있는 것은 단카短歌[6]부와 하이쿠부뿐이었다.

---

6. 5-7-5-7-7의 5구, 31음의 형식을 갖춘 일본의 전통적인 정형시.

그래서 하이쿠부를 선택했다.

단카부에 들어가지 않은 것은 단카 작가이자 '국민문학' 동인이었던 아버지(무라카미 요시오)에게 중학교 때 자작 단카 비슷한 것을 보여 주었을 때 호된 비평을 들은 기억이 있기 때문이었다.

반은 호기심으로 들어간 하이쿠부 활동은 쉽지가 않았다. 상급생의 대부분이 하이쿠 잡지에 매달 작품을 투고했고, 동아리에서 여는 정기 발표회에 수준 미달의 작품을 내면 실컷 욕을 얻어먹었다. 야단맞으며 하이쿠를 공부해야 했다. 하이쿠 잡지에서 여는 본격적인 모임에 따라간 적도 있었다.

당시에는 내가 쓴 하이쿠에 내 나름대로 자신을 갖고 있었으나, 지금 다시 읽어 보면 뭣도 모르고 지었다는 느낌이 든다.

그러나 대학에 들어가고 취직한 다음에도 예상외로 성실하게 하이쿠를 지었다. 아내도 그 영향을 받아 하이쿠를 짓게 되었다.

하지만 소설 쓰기를 진지하게 시작한 뒤로는 몇 개월 동안 연달아 하이쿠를 쓰다가 멈추기도 하고, 그러다 또 바람이 불면 쓰기 시작하는 어정쩡한 상태가 되었다.

옛날에 아카오 도시 씨를 비롯한 하이쿠 시인 몇 명에게 들은 이야기인데, 감정을 앞세워 하이쿠를 짓다 보면 곧 막혀 버리니 좀 심심하더라도 사물을 읊는 수업을 해야 한다고 한다. 이론異論이 있는 분이 계실지도 모르겠으나, 그때그때의 기분을 우선한 내 하이쿠는 갈수록 호평을 받지 못하게 되었다.

아내가 쓴 하이쿠의 경우에도 내가 아니라 제대로 된 하이쿠 시인의 평을 받았다면 더 발전하지 않았을까 하는 생각이 든다. 게다가 나는 아버지에게 물려받은 기질 때문인지 가족이 쓴 작품에 대해서는 특히 엄격하게 평하는 버릇이 있었다. 이미 이야기했다시피 아내가 자기가 쓴 삭품을 내게 보여 주지 않게 된 것도 당연한 일이리라. 아내에게는 미안하게 됐다.

본론으로 돌아가면, 여하튼 나의 하이쿠가 그렇다는 사실을 깨달은 나는 스스로 애송이 하이쿠 시인 축에는 든다고 자부하지 않기로 했다. 타인에게 평가를 못 받아도 괜찮으니 내 마음대로, 내 기준에 맞춰 자유롭게 쓰면 된다, 어차피 내가 승부해야 할 분야는 산문이다—이런 마음가

짐으로……세월이 흘렀다. 미련이 있었는지 어쩌다 가끔 하이쿠를 짓긴 했지만 어디 발표하지도 않았고, 가끔 고등학교 선후배와 동기들의 하이쿠 모임에 얼굴을 내밀거나 회보에 작품을 보내는 정도였는데 그것도 아내의 병이 발견된 이후에는 불성실해져서 빼먹기를 거듭하고 있었다.

―여기까지 하이쿠 이야기를 쓴 것은 아내의 병, 그리고 하루에 한 편씩 쓴 이야기에 얽힌 곡절을 풀어놓고 싶어서다.

아내의 투병 생활이 시작되고 나서부터 나는 매일 짧은 글을 썼는데, 몇 번을 강조했다시피 에세이가 아니라 지어낸 이야기여야 했다. 나 자신을 투영한 요소가 들어 있다고 하더라도, 나 자신의 마음을 생짜로 드러내는 것은 허용되지 않았다. 어디까지나 아이디어를 바탕으로 하여 한 편의 이야기로서 구성한, 아하하 하고 웃음을 터뜨리거나 빙긋 미소 짓게 하는 글을 쓰고 싶었다. 게다가 상품으로서 인정받을 수 있는 레벨을 유지하기 위한 노력까지 해야 한다. 그러려면 역량이 부족하다는 말을 듣더라도 즐거움을 제공하는 자의 역할에 충실해야 한다는 결론이 나온다. 그것이 내가 할 일이었다.

그래서 자기표현으로서의 하이쿠는 안 쓰기로 마음먹었다. 하이쿠를 쓸 겨를이 없었기 때문이기도 한데, 그러다가도 아내의 병세가 다소 안정되면 조금씩 짓기도 했다.

아래에 하이쿠라고도 할 수 없는 치졸한 내 작품을 몇 편 늘어놓았다. 하이쿠로서가 아니라 나란 사람의 심정 표현으로서, 이런 것도 있구나 하는 느낌으로 가볍게 읽고 넘겨 주시길 바란다.

아내 건강할 때 피던 가로수의 목련이 피네
아내여 낫기를 제비를 보고 들떠 기뻐하기를

이처럼 간병하는 마음을 담은 하이쿠가 있는가 하면, 현실 감각을 잃고

꿈속의 나날 뜨거운 한낮 빵을 사서 돌아오다

이와 같은 것도 썼다.
아내가 두 번째로 입원하고 병실에서 같이 자다가,

벌레 울음에 놀란 거울이 하나 잠에서 깼다

이렇게 한 소절 쓰기도 했다.
그러나 마음속 한구석에서는 이건 아니라는 목소리가 들려왔다. 어쩐지 폼을 잡고 있는 것 같은 느낌이 들었던 것이다. 그러고 보면 이즈음까지는 내가 쓴 하이쿠에 대해 아내에게 이야기하기도 했었다.
하지만,

등불灯 속 꽈리鬼灯의 꿈도 어두워지도다

이와 같은 것을 쓰게 되면서 아내에게는 들려줄 수 없게 되었다. 때로 노트에 하이쿠를 적어 넣는 일이 있어도 노트를 보여 주지 않게 된 것이다. 매일 쓰는 짧은 이야기를 읽어 주는 것만 해도 감사할 따름이었고, 아내 역시 하이쿠 이야기를 꺼내지 않게 되었다.
그러던 내가 마구잡이로 하이쿠를 쓰게 된 것은 아내의 몸이 약해지고 마지막 입원을 하게 된 해가 시작되었을 무렵이다.

이제 와서 생각해 보면 하루에 한 편씩을 쓰기 위해 무의식적으로 나 자신의 심정을 억누르고 있었는데, 아내의 임종이 그리 멀지 않다는 것을 직감하면서 하이쿠라는 형태로 왈칵 뿜어져 나왔던 것이 아닐까 싶다.

이야기가 자꾸 오락가락하지만, 아내가 죽고 나서 시간이 조금 지난 뒤 앞에 언급했던 하이쿠 작가 기와리 다이유 씨가 어머니를 여의었다. 기와리 씨는 전화로 이야기를 했다.

"이제 끝이라고 생각하게 되면 얼마든지 하이쿠가 나와요. 왜 그런지 몰라도 참 신기하지요."

그리고 남들에게 보여 줄 만한 하이쿠는 아니지만, 하는 말도 덧붙였다.

인간이란 아마 그런 존재일 세나.

아내가 마지막으로 입원한 뒤, 나는 하루에 한 편씩 이야기 쓰기를 계속하면서도 몰래 노트에 하이쿠 비슷한 것을 쓰게 되었다. 나는 본디 제대로 된 하이쿠를 짓지 않던 사람이고, 여봐란 듯 내놓을 내용이 아니라는 것을 알고 있으나 조금 옮겨 보겠다.

곧게 뻗은 병원의 복도 바깥은 어스름한 밤

비바람 다시 세차게 몰아치고 아내 잠들다
4월의 비가 아내를 고쳐 주길 기다리는 복도
앞을 다투어 새싹은 자라고 내일은 내일이 온다
수국水菊이여 아내는 분명 죽음을 향하고 있다

다른 사람들과는 관계가 없는 비명 같은 것이었다.
그러나 아내의 의식이 조금씩 희미해지고 그래도 머리맡에서 이야기를 소리 내어 읽어 주었으나 이제는 들려주어도 듣고 있는 것인지 아닌지 잘 알 수 없는 상태가 되었을 때, 나는 이야기를 쓸 때 지키던 규칙을 걷어치워 버렸다. 나의 마음을 직접적으로 드러낸 이야기를 쓰게 되었는데……그와 동시에 하이쿠 쓰기는 뚝 그치고 말았다. 하이쿠로 대신 분출하고 있었던 감정을 짧은 이야기로 표현하게 되었기 때문이 틀림없다.
아내의 장례식이 끝나고

해 지는 서녘 향한 귀로 저편에 아내는 갔다

이렇게 노트에 쓴 이후, 나는 약 4개월이 지나 아내가 죽은 병원을 찾기까지 하이쿠는 한 편도 쓰지 않았다. 하이쿠에 대해 생각하는 것만으로도 고통스러웠다. 그러고 나서는 때로 하이쿠를 쓰기도 하지만, 이제 사람들에게 이해받고 싶다는 생각도 없을뿐더러 하이쿠로 승부하겠다는 생각은 더더욱 없다. 이제 와서 이런 말을 하는 것도 이상하지만 나에게는 하이쿠의 재능은 없다고 생각하게 되었다.

아니, 또 하나 쓰고 싶은 것이 있다.

아내의 유품을 정리하다 보니 수첩에 2002년 2월 27일자로

암에 걸린 몸 그리고 몇 번이나 봄꽃을 보다

이런 하이쿠가 적혀 있었다.

아내는 4월 15일에 입원하여 5월 28일에 세상을 떠났다.

그런 하이쿠는 평범하다고 할 사람도 있을 것이다.

그러나 수첩에 적힌 그 글자를 본 순간, 나는 아내가 지녔던 병에 대한 자세에 정면으로 맞닥뜨린 듯한 기분이 들어 '임자가 이겼구먼' 하고 나직하게 중얼거렸다.

하루 한 편: 세 번째

1563일 기념품 가게의 인형

그리 크지는 않고 아담한, 하지만 이름을 말하면 아는 사람은 알 마을이 있었다.

나는 여행의 마지막 날에 시간이 조금 생겨서 그 마을을 둘러보았다.

유적을 두 곳쯤 구경한 뒤 역으로 가려고 버스 정류장에 왔다.

그런데 다음 버스가 올 때까지 20분이나 남아 있었다.

근처에 기념품 가게가 있기에 시간이나 때울 겸해서 들어갔다.

조촐한 가게였는데, 앞쪽에는 기념품 가게라면 어디든 있을 법한 물건들이 진열되어 있었으나 안쪽 선반에 신기

한 모양새의 도자기 인형이 열 몇 개 놓인 것이 눈에 띄었다.

춤추는 듯한 모습이, 눈이 길게 찢어졌고 입이 큰, 왠지 고대古代를 연상시키는 갈색 인형이었다.

가격표는 붙어 있지 않았다.

재미있는 모양의 인형을 손에 들고 뜯어보다 보니…… 하나 사고 싶어졌다.

보통 이럴 때는 가게 직원이 옆에 와서 어떠세요, 같은 말을 걸 텐데, 그 가게는 나이가 꽤 든 주인으로 보이는 남자가 묵묵히 앉아 있을 뿐 물건을 권하지도 않고 다른 말도 하지 않았다.

"이거 얼마죠?"

나는 손에 쥔 인형을 들어 보이며 물었다.

주인으로 보이는 남자는 느릿느릿 일어나더니 내 쪽으로 왔다.

무뚝뚝하고 왠지 무서워 보이는 사람이다.

"사고 싶나?"

남자가 말했다.

"……그런데요."

내가 대답했다.

"가격을 말하기 전에 몇 가지 질문에 먼저 대답해 줘야 하네."

남자는 이렇게 말했다. "대답하기 싫으면 못 팔아."

"허 참. ……무슨 사연이라도 있는 물건인가요?"

나는 질문했다.

"그건 말 못 해."

이렇게 말하는 남자. "어쨌든, 질문에 대답할 텐가? 대답하기 싫은가?"

"……."

그런 말을 들으면 살 생각이 날아가 버리는 것이 일반적이리라.

그러나…… ㄱ 인형은 매우 특이한 것이었다. 딴 곳에서는 손에 넣기 어려울 것 같았다. 더구나 상황이 그리되면 호기심이 발동하는 것이 인지상정이기도 하다.

"좋습니다. 대답할게요. 하지만 가격을 듣고 나서 안 살지도 모르겠는데요."

나는 대답했다.

남자가 끄덕였다.

"좋아."

그러고 나서 1, 2초 사이를 두더니 입이 떨어졌다.

"질문 하나. 당신은 자신이 훌륭한 사람이라고 생각하나?"

"네에?"

"당신은 자신이 훌륭한 사람이라고 생각하나?"

어쩔 도리 없이 대답하기로 했다.

"그런 생각은 안 드는군요. 워낙 단점이 많아서요."

"흠. 그러면 질문 둘. 인류는 이대로 번영을 지속할 것이라고 생각하나?"

"인류 말입니까? 글쎄요. 지금 같은 짓을 계속한다면 그리 오래 가지는 못하지 않을까요?"

"질문 셋."

남자는 말을 이었다. "당신은 달에 소원을 빈 적이 있나? 소원의 내용은 무엇이든 상관없네."

"그건 뭐……몇 번 있습니다."

"알겠네. 그러면 이제 마지막 질문인데, 당신은 십 년 전의 자신으로 돌아가 다시 한 번 인생을 살 수 있다고 한다면 그렇게 할 텐가?"

"아뇨, 사양하고 싶네요. 다시 한 번 같은 짓을 하라니 도저히 못 하겠습니다."

"그래."

남자는 끄덕였다. "그렇다면 됐네. 그 인형 값은 필요 없어. 가지고 가도 좋아."

"……."

나는 어안이 벙벙해졌다.

뒤이어 물어보지 않고는 배길 수가 없었다.

"그러니까 제가 합격이라는 말인가요?"

"거기에 대한 대답은 못 해."

"이 인형 파는 것 아닙니까? 공짜로 받아도 되나요?"

"돼."

"……."

"이제 곧 버스가 올 거야. 가게나."

남자가 말했다. 나는 여우에 홀린 듯한 느낌으로 인형을 가지고 가게를 나왔다.

그 인형은 지금도 우리 집 장식장에 있다.

신기한 느낌의 인형이다.

집에 오는 사람들은 좋다고들 한마디씩 한다. 가지고 싶어 하는 사람도 있지만 줄 생각은 없다. 어디에서 샀느냐는 질문을 받아도 대충 얼버무리곤 한다. 설명하면 길어지는 데다 곡절을 설명하면 다들 이상하다는 표정을 지을 것이 뻔하기 때문이다.

왜 공짜로 준 것일까?

무언가 이유가 있겠지만 알 수는 없다.

나는 어쩌면 언젠가 그 인형이 혼자서 움직이거나 말을 하지나 않을까 하고 생각하기도 하나, 그런 일은 아직 일어나지 않았다.

2001년 10월 15일

1577일 형 이야기

아, 형 말이야?
다들 찾으러 다니고 있기야 하지.
아직도 행방을 몰라.
형이 이상해지기 시작한 것은 올해 초 무렵이야.
아니, 이상해졌다는 건 아빠, 엄마, 누나가 쓰는 표현이야.
형 본인은 눈을 떴다고 했어.
나?
나는 모르겠어. 가족들이 그러는 것도 그럴 만하다고 생각하고, 형이 어떤 마음이었는지 이해할 수 있을 것 같은 느낌도 들어.

1월 중순, 태평양 위에 화산섬이 나타난 적이 있었지? 원래는 해저 화산이었던 것이 분출하면서 용암 때문에 해수면 위로 모습을 드러내어 섬이 되었다는 그거 말이야.

그게 일본 것이라고 인정받는다면 영해가 부쩍 넓어진대. 매스컴도 시끌벅적했지.

형은 웃고 있었어.

영해가 넓어진다고 하더라도 기껏해야 얼마나 되겠느냐, 지구 표면 면적 자체가 별것 아니니 다른 행성에 진출해서 지구처럼 만드는 것을 생각해야 한다, 그러기 위해서는 기술 개발에 더 투자해야 한다─이런 말을 하면서.

그야 형은 전부터 천문학이나 SF 같은 것을 좋아했으니 그런 발상을 할 수도 있었을 거야.

형과 아버지는 논쟁을 벌이고 있었지만.

그런 경향이 점점, 아니 그렇다기보다도 가속도가 붙어 강해지게 되었지.

은행의 불량 자산이 몇 조라는 이야기를 들어도 형은 인상을 찌푸릴 뿐이었어. 은행이 이렇다느니 저렇다느니 하는 뜻이 아니라, 몇 조는 세계 규모로 따지면 그다지 많은 것도 아니라는 뜻이었던 거야. 형 말로는 인류의 경제 규모는 우주의 여러 별들이 이룩한 문명 수준으로 보면 지극히 소박한 것에 지나지 않는다고 했어.

나는 반은 수긍할 수 있었지만, 꿈같은 소리 하지 말고 네 걱정이나 하라는 아버지의 말을 듣고도 그건 그렇다고 생각했어.

3월 말부터 형은 꿈 이야기를 하게 되었어.

진짜 잠들었을 때 꾸는 꿈 말이야.

잠들면 꿈을 꾸는데, 그 꿈이 전부 연결이 되어 있다고 했어.

몇 개나 되는 거대한 성간星間 문명에 대한 꿈이랬어.

나는 어느 날 누나가 은하 우주 같은 건 너무 기시 실감이 안 난다고 말하는 데 대고 형이 대드는 걸 본 적이 있어.

"누나, 그런 말을 하면 안 되지. 은하 우주는 무수한 소우주 중 하나에 불과해. 여러 개 중에 고작 한 개일 뿐이라고. 게다가 은하 우주의 문명은 인류 이상의 수준만 따지자면 8계통 4백 종족 정도밖에 없어서 다른 소우주보다 훨씬 열등한 편이야."

형은 설명했어.

"그런 걸 어떻게 아니?"

누나가 덤비자 형은 진지하게 대답했어.

"꿈. 꿈에서 배웠어."

그즈음부터 형이 이상하다는 말을 모두가 하게 되었어.

다른 사람들이 질려서 대화를 하려 들지 않게 된 탓도 있었을 거야. 형은 곧잘 나한테 대우주의 문명 종족이 어찌고 있는지, 세력 상황은 어떤지 같은 이야기를 들려주었어.

나는 소설처럼 재미있다고 생각하면서 곧잘 듣고는 했어.

그러던 내 마음이 어땠는지는 한마디로 표현할 수가 없어. 지어낸 이야기나 망상일지도 모르고, 어쩌면 정말 그럴지도 모른다고도 생각했지. 어느 쪽이든 상관없었던 거야.

형이 은하 우주가 다른 소우주 생명체의 침략을 받고 있다고 말한 것은 여름이 된 이후였어.

"은하 우주가 위기에 처했어. 종족 연합체가 방위군을 이끌고 싸울 장수를 보충해야 하게 됐어. 단기간에 장수가 될 수 있는 소질이 있는 자를 찾아서 육성하려는 거야. 아직 늦지 않았어야 할 텐데."

그런 말을 하면서 형은 문득 정신이 든 듯 미소를 띠며

중얼거렸어. "지구에서는 자기들끼리 전쟁을 하지만, 고작 태양계 하나에도 영향을 못 미치잖아? 아무것도 모르니까 한가로운 거야."

"……."

나는 조용히 듣고 있었어.

창밖에서 말매미가 입을 모아 합창하던 게 기억이 나.

"내가 선발됐어."

집에 와서 방을 들여다본 나를 보고 낮잠에서 깬 형이 그렇게 말한 것은, 9월도 거의 끝나가던 날이었어.

형은 대학교에 가지 않게 되었어. 집에서 수업이랑은 상관없는 책만 읽고 있었던 거야.

"이제 곧 나는 가야만 해. 이제까지처럼 정신만으로 우주 생명체와 교류할 수는 없게 되었어. 은하 우주의 일원으로서 이건 의무란다. 물론 선택받았다는 자부심은 있지만 말이야."

형은 차분하게 말했어. "그렇게 되었으니 나 대신 부모님께 잘해 드리렴."

"……."

"부탁한다."

고개를 끄덕이자 형은 책상 앞에 앉아 책을 읽기 시작했어.

저녁밥을 먹을 때도 형은 줄곧 말이 없었어. 다 먹고 나서 방에 틀어박혀 버렸어.

나는 그때 아빠, 엄마, 누나한테 형이 한 말을 이야기하지 않았어. 형을 정신과 의사에게 데려가자고 의논하던 부모님이나 누나한테 그런 말을 하면 일이 더 복잡해질 거라고 판단했기 때문이야. 아, 물론 나중에는 이야기했지만…….

그날 밤이었어.

쿵 하는 소리가 울려서 잠에서 깬 나는, 창밖이 한낮처럼 밝아진 것을 알고 벌떡 일어났어.

밖으로 뛰어나갔어.

아빠도 엄마도 누나도 나왔어.

대문에 빛의 기둥이 서 있었어. 직경 6, 7미터는 될 것 같은, 하늘을 찌를 것 같은 빛의 원기둥이었어.

그 속을 따라 까만 그림자가 하늘을 향해 올라갔어.

저건 형이야.

"형!"

나는 소리쳤어.

사람 그림자는 끝없이 위로 올라가더니 안 보이게 되었어.

빛의 기둥이 스윽 하고 옅어지더니 없어져 버렸어.

그게 끝이었어.

형의 방에 형은 없었던 거야.

내가 본 사람 그림자를 아빠도 엄마도 누나도 목격했다고 했어.

하지만 그건 그냥 사람 그림자일 뿐이지, 형이 아니라고 주장하는 거야.

그리고 부모님도 누나도 그것은 일종의 괴기 현상이라고 믿고 있어.

어쨌든 형은 사라졌어.

부모님과 누나는 괴기 현상은 괴기 현상일 뿐 형의 실종과는 관계가 없다고 주장해. 그렇게 생각하고 싶은 걸지도 몰라. 부모님이나 누나 입장에서 보면 형이 집을 뛰쳐나갔다, 어디론가 가버렸다고 생각하는 편이 그나마 납득이 가겠지. 그래서 경찰 수색도 신청했고 실마리를 계속 찾고 있어.

아마 형은 이제 찾을 수 없을 거야.

지금쯤 어디에서 무얼 하고 있을까?

도시에서 몇 안 되는 별을 바라볼 때마다 나는 형이 지금 어떻게 살고 있을지를 생각해.

대우주에서, 우주선의 대군을 지휘하며 싸우고 있는 걸까?

언젠가 형과 재회할 날이 올까?

하고.

2001년 11월 8일

1592일 초읽기

    나는 교차점을 향해 걷고 있었다. 보행자 신호는 파란색이었다.

    곧 노란색으로 바뀔 것이다.

    그때, 머릿속에서 소리가 났다

    합성음 같은 목소리였다.

    10초 전.

    9..........

    8.........

    7........

    6.......

    5......

4.....

3....

2...

1..

0.

동시에 신호는 노란색이 되었다.

초읽기를 하던 목소리가 들리던 때 뛰었다면 그 전에 교차점에 도착했을 것이다.

그러나 나는 목소리를 들으면서 보통 속도로 걷고 있었다.

그래서 교차점에 왔을 때 노란 신호는 이미 빨간 신호로 바뀌어 있었고, 나는 우뚝 서서 기다리게 되었다.

그건 그렇지만, 방금 들린 목소리는 뭐였을까?

내 마음 깊숙한 곳에 있던, 지금 뛰면 되는데 하는 의식이 목소리가 되어 들린 것일까?

"여기에 대해 질문이 있으십니까?"

의장이 말했다.

모두 입을 다물고 있다.

나에게는 꼭 대답을 들어야 할 사항이 있었다.

그러나 편하게 질문할 수 있을 만한 분위기는 아니었다.

머릿속에서 목소리가 초읽기를 시작했다.

10초 전.

9..........

8........

7........

6......

5......

4.....

3....

2,,,

1..

0.

"질문이 없으시다면 다음으로 넘어가겠습니다."

의장이 선언했다.

내가 괜히 그렇게 생각해서 그런지, 의장은 안도한 듯한 표정을 짓고 있었다.

나는 옛날부터 우유부단하다는 말을 많이 들었다.

확실히 그렇긴 하다.

바로 결심을 할 수가 없다.

정했다고 하더라도 실행에 옮기기까지는 시간이 필요하다.

그런 자신에게 짜증이 났다.

어떻게 좀 하고 싶었다.

어떻게든 고쳐야겠다고 생각하고 있었다.

그래서 그런 것은 아닐까?

그렇기 때문에 무의식이 목소리가 되어 초읽기를 시작한 것은 아닐까?

그렇다면 초읽기가 시작된 순간 해야 할 일을 개시하는 것이 마땅하리라.

그렇지만 그렇게 하면 반드시 좋은 결과가 나온다고는 단정할 수 없지 않은가?

오히려 나빠질 가능성도 있지 않은가?

자칫 초읽기 때문에 괜히 성급해지기만 하는 것은 아닐까?

호텔에서 목욕하는 중이었다.

왠지 묘한 기분이 들었다.

어떻게 표현해야 할지 알 수 없는 이상한 느낌이었다.

초읽기가 시작됐다.

10초 전.

9..........

8.........

어쩌라는 거야?

나는 뭘 해야 하는 거지?

아니,

무심코 여기에 따르면 오히려 나쁜 결과가 나타나는 건 아닐까?

7........

6.......

5......

뭐 하자고 초읽기를 하는 건가?

4.....

3....

2...

어떡하면 좋지.

1..

0.

그와 함께, 내 몸이 물 위로 갑자기 떠오르고 욕조에 받은 물이 찰랑찰랑 흔들리기 시작했다.

지진이다.

큰 지진.

나는 욕조를 뛰어나왔다.

벌거벗은 채 방의 책상 아래로 기어 들어갔다.

지진은 그러나 결국 잦아들었다.

나는 몸에서 물을 뚝뚝 떨어뜨리며 서 있었다.

초읽기는 지진을 예고한 것일까?

내 감각이 초기의 미동微動을 감지한 것일까?

아니면 초읽기는 초자연적인 예지 능력으로 내게 위급한 상황임을 경고한 것일까?

여하튼.

지진은 잦아들었다.

나에게는 별일 없었다.

즉……초읽기를 하는 목소리를 들어도 허둥지둥할 필

요는 없다고 생각하면 된다.

그럴 것이다.

그렇게 믿자.

나는 댐을 높은 곳에서 내려다보고 있었다.

초읽기가 시작됐다.

10초 전.

9..........

8.........

7........

뭐가 일어나는 거야?

어떻게 되는 거지?

6.......

5......

4.....

무슨 일이 있어도 나는 괜찮을 거야. 초읽기 같은 것에 겁먹을 필요 없어.

초읽기, 네 마음대로 하라고.

3....

2...
1..
0.

2001년 11월 13일

1640일 영화관의 공터

 그가 종종 떠올리는 것 중에 전쟁이 끝난 지 얼마 안 된 시기의 영화관이 있다. 중학생이 되었는지 아직 안 되었는지 확실하지 않았고 용돈도 제대로 받지 못했던 시절이었으니 그렇게 자주 갈 수 있었을 리가 없을 텐데……단골손님이었던 같은 느낌이 남아 있다.

 영화관 앞에는 외국 배우의 얼굴이나 화려한 장면이 그려진 간판이 크게 내걸려 있었고 안은 늘 초만원이었다. 어지간히 운이 좋지 않으면 앉는 것은 꿈만 같은 일이었다. 통로에 쪼그려 앉거나 벽 쪽에 서서 사람 사이로 스크린을 넘겨다보는 것이 보통이었다.

 그래도 풍부한 색깔이 넘치는 이국의 로맨틱한 화면이

나 웅장한 모험은 그를 취하게 하고 그 세계에 푹 빠져들게 하였던 것이다.

그러나 여기에 기묘한 기억이 하나 있다.

당시 그가 알고 있던 영화관은 객석의 양쪽에 통로가 있고 통로 안쪽은 변소였으며 그 통로에도 사람이 빽빽하게 서 있었는데, 1회 상영이 끝나면 관객은 나가라는 재촉을 받았다. 다음 상영을 기다리는 군중이 바깥에 북적거리고 있었기에 사람을 바꿔 넣기 위해서였다. 그러나 상당한 수가 도중에 입장한 탓에 처음부터 다시 보려는 사람이나 다시 한 번, 이번에는 앉아서 보려는 사람은 남았다. 그도 곧잘 남는 축에 들었다.

지난 손님들을 쫓아내기 위해 영화관의 오른쪽, 통로 옆에 붙은 문이 전부 열렸다. 밖에는 담으로 둘러싸인 공터가 있었는데, 나가는 사람이 지나는 길이었다. 사람이 원활하게 드나들 수 있도록 입구와 출구를 따로 두는 것이 편리했을 것이다.

그가 선명하게 기억하는 것은 그 공터였다.

몇 번인가 상영 도중에 닫힌 문을 열고 나가면, 거기에는 방금 본 영화의 한 장면이 그대로 있었다.

영화에 따라 그 장면은 달랐다.

말을 타고 황야를 달리는 카우보이.

칼싸움이 벌어지는 범선의 갑판.

성벽에 서 있는 갑옷 입은 기사.

그런 것들이 몇 초 동안 거기에 보이는 것이었다.

그러나, 그 환상은 움직이면서 색깔도 형태도 흐려지다가 곧 사라지고 말았다.

눈앞에 있는 것은 모래가 깔린 땅바닥과 공터를 둘러싼 담뿐이었다.

그리고 왠지 모르겠지만, 기억나는 장면은 늘 한낮이나 오후쯤이었다.

조금은 우울한 햇빛이 묘하게 하얀 흙과 갈색 담벼락을 비추고 있었다.

거기에서 그는 영화의 세계와 헤어지고 현실로 돌아오는 것이었다.

마음이 만들어 내는 잔영이었을 테다.

만약 그런 잔영이 없었다면, 밖에 나오자마자 지저분한 건물과 혼잡한 마을에 바로 맞닥뜨리게 되어 너무나도 풀이 죽었을 것이다.

계산해 보면 아무래도 그것은 5, 6년 전에 있었던 일인 듯싶다.

그리고 최근 그 환상이 나오는 꿈을 꾼다.

또래 친구에게 이야기를 했다.

"그래? 나는 그런 기억이 없는데."

친구가 말했다. "나는 그 시절에 영화를 보러 갈 돈이 없었으니까."

"……"

"하지만 정말 그런 일이 있을 수 있을까?"

친구가 말을 이었다. "영화관 구조가 이상하잖아. 통로 옆에 문이 있다니, 열고 닫을 때마다 빛이 들어올 거 아냐. 게다가 밖에 관객이 나가는 공터가 있는데 그 공터가 담으로 둘러싸여 있다는 건 너무 허술해. 전쟁이 끝난 직후였던 그때 그런 구조로 운영하는 게 가능했겠어? 네가 말하는 영화가 끝난 뒤의 환상이라는 건 물론 네 마음에서 생겨난 것이겠지만, 영화관이 어떻게 생겼는지에 대해서는 네가 기억을 잘못하고 있거나 기억이 왜곡된 것이 아닐까?"

"그럴지도 모르지."

나는 긍정했다.

"뭐, 무슨 느낌인지는 알겠어."
친구는 말했다.

그는 집에서 텔레비전을 본다. 큰 화면에 고화질 위성방송이다.

그러나 아무리 열중해서 봐도 나중에 환상이 나타날 만큼 그 세계에 몰입할 수는 없다.

영화도 보러 간다.

널찍하고 쾌적한 영화관의 푹신한 의자에 앉아 본다.

그러나 영화의 세계에 푹 빠져 보려고 해도 마음 어딘가에는 현실이 남아 있다. 영화가 끝나면 그는 곧장 일상 속의 자신으로 돌아오는 것이다

아, 공터가 그립다.

이런 말을 해도 어쩔 수 없는 일이지만…….

그런 기억이 있다는 것이 내가 가진 재산의 하나라고 믿는 것밖에는 할 수 있는 일이 없다.

2002년 1월 10일

1680일 듣고 그냥 잊어버리세요

 기억력이 나빠져서 자신감을 송두리째 잃어버렸다는 말씀이시죠?

 괜찮습니다.

 당신은 스스로 생각하는 것만큼 기억력이 나빠지지는 않았어요. 그야 뭐, 깜빡하는 일이 없지야 않겠지만 일상생활에 불편한 점이 없으면 그럴 수도 있다고 생각해도 되지 않겠습니까?

 저희 강좌는 당신의 기억력이 아직 쓸 만하다는 것을 당신 스스로 이해할 수 있게 해드리기 위한 것입니다.

 분야는 여러 가지가 있는데요.

 음악 멜로디도 있고, 외국어 단어도 있습니다.

하지만 당신은 한자 숙어 분야를 고르셨군요.

옛날부터 그쪽에는 자신이 있었다는 말씀이시지요.

그만큼 이 방면에서도 기억력이 떨어졌다는 판정을 받으면 거의 치명적인 상태일 거라고, 그렇게 말씀하셨지요.

괜찮으실 겁니다.

그럼 시작해 봅시다.

여기에 팸플릿이 있습니다.

한자 숙어를 쭉 늘어놓았습니다.

단어 하나하나에 대해 제가 설명을 하겠습니다만, 당신은 기억하지 않아도 됩니다.

오히려 듣고 나서 바로 잊어버리도록 해주세요.

편하게 하시면 됩니다.

그래도 몇 가지는 당신의 머릿속에 남아 있을 겁니다. 잊기 위해 들었는데도 남는 겁니다. 기억되어 버리는 겁니다.

그러면 당신은 기억할 필요가 없는 것, 잊는 것이 나은 말을 기억한 것이 됩니다. 당신의 기억력은 당신 자신이 생각하는 것보다 훨씬 더 강하다는 것입니다. 그런 능력을 아직 가지고 있다는 것입니다.

팸플릿을 펼쳐 보세요.

여기에는 당신이 알고 있는 숙어는 하나도 없을 것입니다. 전부 처음 보는 것이겠지요.

왜 그렇다고 단언할 수 있느냐고요?

그것은 여기에 기재되어 있는 한자 숙어가 전부 창작된 것이고 거짓말이기 때문이에요. 이런 숙어는 없습니다. 그것을 제가 그럴싸하게 설명할 테니 듣고 넘기면 됩니다. 기억하지 않아도 됩니다.

준비 되셨나요?

1입니다.

절치철판切齒鐵板.

철판을 이로 깨무는 것은 쉽지가 않죠? 그 위에서 고기라도 굽고 있으면 뜨겁기까지 합니다. 그래서 이 말은 만약 실행해도 좋은 꼴을 못 본다는 것을 알고 있으면서도 굳이 도전하는 것을 의미합니다.

2가 되겠습니다.

폭청무인暴青無人.

폭력을 휘두르며 돌아다니는 청년이 있으면 모두 달아나겠죠? 달아나서 주위에 사람이 없어지게 됩니다. 그 광경을 표현한 말이랍니다.

3은 권장징악勸奬懲惡입니다.

글자 그대로의 뜻입니다.

나쁜 놈에게 벌을 주는 것을 권장한다는 뜻이죠.

4, 양두고육羊頭苦肉. 양 머리를 뒤집어쓰고 상대를 속이려는 것을 뜻합니다. 고육지책이라는 말이 있잖아요? 해 봤자 효과가 없는 작전입니다. 안 하는 것이 나을 때 쓰는 말입니다.

5로 가보겠습니다.

약육정식弱肉定食이로군요. 이가 약한 사람을 위해 부드럽게 만든 정식 메뉴를 뜻하는 말입니다.

이쯤에서 조금 수준이 높아집니다.

아, 물론 기억하지 않으셔도 괜찮아요. 그냥 듣고 흘려 버리면 됩니다.

6은 칠척대두七尺大頭입니다. 척이라는 것은 아시겠지만 길이를 재는 단위인데, 1척이 약 30센티입니다. 키가 7척이나 되는 데다 머리까지 크면 집 안에서 자꾸 머리를 부딪치게 되겠지요?

그렇습니다. 어떤 조직이나 단체 안에 들어가서 자꾸 문제를 일으키는 인물을 이렇게 부릅니다. 그뿐만 아니라 이

말에는 어떤 틀 안에 맞춰지지 않는 자유인이라는 의미도 있습니다만.

7입니다.

전락우화轉落羽化.

높은 데서 떨어지더라도 등에 날개가 돋아서 날아간다는 뜻입니다. 어떤 난관에 부딪쳐도 너끈히 헤치고 나아간다는 것이지요.

8로 갑시다.

묵비망각默秘忘却.

입을 다물고 말을 안 하다 보면 그것을 잊어버리고 만다는 뜻입니다. 수다스러운 사람이 과묵한 사람을 놀릴 때 쓰는 말입니다.

9로 가보겠습니다.

…….

나는 그 교실을 뒤로 했다.

끝없이 이어지는 터무니없는 설명을 들으면서 그런 새빨간 거짓말은 다 잊어버려야겠다고 생각했는데, 그 중에서 몇 가지는 머릿속에 들러붙어 떨어지질 않는다. 그런 걸 기억해도 아무 짝에도 쓸데없을 텐데 기억하고 만 것이다.

그러한 의미로는 내 기억력도 아직은 걱정할 만큼 감퇴하지는 않았나 보다.

하지만 아무래도 속아 넘어간 것 같은 기분이 드는 것은 어쩔 수가 없다.

2002년 2월 19일

17/9일 웰컴 거리

 석간신문에 유원지 I 랜드가 이번 달을 끝으로 문을 닫는다고 나와 있었다.

 부도가 난 여느 회사들처럼, 불황으로 인한 입장객 감소 탓에 적자가 거듭되었기 때문이라고 했다. 경영주였던 전철 회사가 철거하고 난 땅을 어떻게 할지는 미정이라고 쓰여 있었다.

 I 랜드에는 아이가 어렸을 때 아내까지 셋이서 몇 번 간 적이 있다.

 그러나 최근 이십 몇 년간은 가본 적이 없다.

 나는 내일 시간이 있다.

 그렇다면 혼자서 훌쩍 다녀와도 괜찮지 않을까?

밤.

내일 I 랜드를 보러 갈 거라고 아내에게 말한 뒤, 나는 잘 채비를 했다.

아내는 취향 참 특이하다고 했지만, 내 변덕스러움에는 익숙해져 있기에 가지 말라고는 하지 않았다.

이불 속에 들어간 나는 I 랜드에 대한 기억을 여러 모로 되새겨 보았다.

대관람차도 있었고, 유원지 일주 열차도 있었다.

개중에서도 색달랐던 것이 웰컴 거리라는 골목이었다.

이국적인 건물들이 늘어서 있었는데, 특정한 시각이 되면 건물 2층의 창문이 열리고 다양한 민속 의상을 입은 인형들이 손을 흔들면서 인사를 하고 음악이 흐르는 것이었다.

보기 싫다는 사람도 많았으나 꽤 인기가 있었다.

아직 남아 있을까?

다음 날.

전철에서 내린 나는 I 랜드로 가는 버스를 탔다. 승객은 몇 명 없었다. 이 버스도 이번 달을 끝으로 운행을 중단한다고 한다.

I 랜드 앞에 왔다.

보통 무언가가 끝이 날 때는 사람들이 몰려들기 마련인데, 그렇지는 않았다. 사람이 없어서 한산했다.

유원지가 텅 빈 와중에서도 대관람차는 돌아가고 있었고, 다른 탈것도 그와 마찬가지였다. 마지막이니 손님이 없어도 서비스는 하겠다는 뜻일까?

나는 웰컴 거리에 도착했다.

걸어가는 사람이 몇 명 있었다.

이국적인 건물은 페인트가 벗겨져서 여기저기가 허옇게 드러나 있다.

"이제 인형은 안 나오나요?"

나는 뭔지 모를 작업을 하고 있는 직원에게 물었다.

"아, 지금부터 15분 있으면 시작할 거예요."

직원은 시계를 보고 대답했다.

나는 골목 입구에서 기다리기로 했다.

기다리고 있자니 이곳이 사람으로 가득 찼을 때의 광경이 새삼 떠올랐다.

아이들은 어렸고, 나와 아내도 젊었다. 인형한테 인사를 받다니 별로 재미있지는 않은데, 같은 소리를 하면서도 인파 틈에 끼어 흘러가고 있었다.

지금, 인적도 거의 없고 빛바랜 건물이 늘어선 골목을 오후의 햇살이 비추는 모습이 너무나 쓸쓸하다.

음악이 울리기 시작했다.

시작한 것이다.

나는 천천히 골목을 걸어갔다.

건물에 여기저기 붙은 창이 열리고 인형들이 몸을 내밀었다.

인형은 전부 다 낡아서 너덜너덜했다. 그래도 어떻게 옷은 차려입고 있었다.

기운차게 손을 흔드는 남자.

손수건을 나풀거리는 여자.

양손을 치켜드는 소년.

나의 마음에 그때가 돌아온 것 같았다.

그렇다.

여기는 사람이 가득했고, 인형들은 아직 새것이었고, 온 힘을 다해 서비스를 하고 있었다.

나는 그들에게 응해 주려는 생각으로 양팔을 휘두르며

음악에 맞춰 한 걸음 한 걸음 걸어갔다. 마음속에 있는 인형들에게 수고했어요, 오랫동안 수고 많았어요, 하고 속삭이면서…….

            2002년 3월 30일

1752일 한밤중의 담배

부인이 입원한 날 밤이었다.

E 씨도 1인실인 병실에 같이 묵었다.

깊은 밤.

E 씨는 문득 담배를 피우고 싶어졌다. 최근에는 담배를 줄이려고 노력하고 있었고 또 저녁까지 정신이 없었기에 담배에 대해서 어느 정도 잊어버리고 있었으나, 부인이 푹 잠이 들어서 마음을 놓자 담배라도 피워야겠다는 생각이 강해진 것이었다.

하지만, 여기는 병원이다.

담배를 피우려면 흡연 코너까지 가야 한다.

흡연 코너는 1층 복도 안쪽의 화장실 옆에 있었던 것 같다. 1층 화장실에 갔을 때 표지판을 봤다.

E 씨의 머릿속에 불현듯 기억이 되살아났다.

아마 초등학교 1학년인가 2학년 때였을 것이다.

E 씨의 형이 입원했는데, 어린 E 씨도 병실에서 같이 자게 되었다. 왜 그렇게 되었는지, 그 밖에 누가 있었는지는 먼 과거의 일이라 확실히 기억나지 않는다.

여하튼 어린 E 씨는 한밤중이었는지 새벽녘이었는지 모를 시간에 병실을 뛰쳐나와 병원 안을 탐색하고 다녔다.

유리창에서 하얀 빛이 새어 나오는 방이 하나 있었다.

안으로 들어갔다.

긴 의자가 놓인 작은 방에는 5, 6명의 성인 남녀가 있었다.

그들은 흘낏 이쪽을 쳐다보았지만 아무 말도 하지 않았다.

남자 한 명이 담배에 불을 붙이더니 입에 물고 피웠다. 금세 담배의 3분의 1 정도가 줄어들었고, 그 사람은 뻐끔뻐끔하고 엄청난 양의 연기를 토했다. 두 번째로 깊이 빨아들이자 담배는 거의 다 없어지고 말았다.

그 사람은 그 담배를 재떨이에 던지고 새 담배에 불을 붙였다.

긴 의자에 앉아 있던 여자가 후 하고 연기를 내뿜었다. 아니, 연기가 아니라 불꽃이었다.

그 옆에 있던 남자가 일어나며 손에 쥔 불붙은 담배를 후 하고 빨아들였다. 그러자 담뱃불이 꺼졌고, 남자는 그것을 자기 주머니 속에 넣었다.

창가에 기대어 서 있던 백발의 남자는 담배를 세 개 물고 있었다.

아무도 한 마디도 하지 않았다.

어린 E 씨는 조금씩 뒷걸음질하다 문 밖으로 나오자마자 뛰어서 도망갔다.

어느 사이엔가 잊어버렸던 그 기억이 왜 하필이면 오늘 밤에 떠오른 것일까.

생각이 났다는 것은……지금 흡연 코너로 가면 그런 괴물들이 있다는 것일까.

설마.

설마 그런 일이.

꽤나 망설이기는 했으나 결국 E 씨는 엘리베이터를 타

고 1층으로 내려갔다.

사람은 마주치지 않았다.

빛도 어두워진 상태였지만……흡연 코너에는 지나치게 밝을 만큼 하얀 빛이 비추어 복도까지 드리워져 있었다.

흡연 코너에 왔다.

긴 의자가 있는 작은 방에는 아무도 없었다.

E 씨는 천천히 담배를 피웠다.

자기 외에는 아무도 없다는 것이 기분 좋기도 했지만 왠지 쓸쓸하기도 했다.

어쩌면 자신은 어릴 적에 보았던 것을 이제 볼 수 없는 나이가 된 것은 아닌가 하고 E 씨는 생각해 보았다.

마지막까지 아무도 오지 않았고, 공허하고 밝은 빛 속에 앉아 있던 E 씨는 자리에서 일어나 부인이 잠든 병실로 돌아갔다.

2002년 5월 2일

자기 주석

  종말이 슬금슬금 다가오고 있다는 감각 속에서 오늘 하루도 최선을 다하겠다는 마음으로 노력하기 위해서는, 어떻게든 의식을 조작하는 것이 필요하다. 내 경우에 그것은 종말의 순간이라는 것을 머리에서 씻어 내 버리는 식이었다. 폭주하는 기차에 탄 채 충돌하는 순간까지 충돌에 대해 생각하지 않는 것과도 비슷하다.

  그럴 생각이었다.

  그럴 생각이었지만, 매일 쓰는 짧은 이야기에는 아무리 피하려고 해도 자신의 마음 깊숙한 곳에 있는 것이 반영되고 말았다. 내가 할 수 있는 일은 어떻게 그것을 표면에 드러내지 않을지를 궁리하는 것이었다. 그러기 위해서는 아내와 이제까지 지내 온 긴 세월 속에서 암묵적으로 합의하게 된 가치관이나 공유하게 된 추억으로 이야기를 칠하고 덮을 수밖에 없다고 생각하여 그렇게 쓰고자 노력했지만……어디까지 효과가 있었는지를 생각하면 그리 자신이 없다.

1563일 「기념품 가게의 인형」

일독한 뒤 뭐야, 하는 소리가 나올 법한 시시한 이야기다.

그러나 심상찮은 전조가 있었고 그 나름대로 각오를 했음에도 불구하고 적어도 지금까지는 아무 일도 일어나지 않았다, 또는 앞으로 무슨 일이 일어날지 모르지만 현재는 무사하다는 것은 많은 사람들이 체험한 바가 아닐까? 우리 가정 역시 그런 일을 되풀이하며 하루하루를 지나왔다. 그것을 '이야기'로 만들기 위해서는 기념품 가게 주인의 질문이 거창하면 거창할수록 좋았다.

1577일 「형 이야기」

현실적인 문제에 매달려 있는 사람은 이처럼 현실과 동떨어진 형의 사고방식과 연이 없을 것이다. 그러나 현실과 동떨어진 것처럼 보이는 것이 사실은 더 커다란 현실일지도 모른다, 반드시 그럴 것이라는 믿음이 있다면 마음이 편해진다. SF로서는 너무 흔하게 사용되어 낡은 소재다. 그러나 그것을 '우리 편'인 동생 입장에서 쓴 것은 내가 현실의 일상 속에 있다는 사실을 표현한 것이기도 하고, 이것이 '하루 한 편' 중의 하나라는 것을 뜻하고 있기도 하다.

1592일 「초읽기」

이다음에 어떻게 되었는지는 알 바 아니라는 타입의 이야기. 쓰지 않은 장면이 거창하면 할수록 효과적이라고 보아도 될 것이다. 쓰면서 나는 아직 아내의 마지막까지 초읽기를 할 상태는 아니다, 하루하루를 확인하면서 나아가는 단계다, 하고 자신을 설득하고 있었다.

1640일 「영화관의 공터」

이야기로서 흔해 빠졌다는 것은 알고 있다. 그러나 이것은 회상이기도 하다.

전쟁이 끝난 직후 처음 본 '총천연색 영화'가 우리 세대에 있어 얼마나 경이적인 것이었는지 지금 늘어놓아 봤자 소용없을 테다.

오사카의 센니치마에千日前라는 지역에 아시베 극장이라는 영화관이 있었는데, 내가 갈 때는 늘 초만원이었다. 앞 손님을 공터로 빼내고 다음 손님을 넣는 식이었다. 그때의 느낌을 같은 세대인 아내도 기억하고 있으리라고 생각하며 쓴 글이다.

아내는, "맞아, 아시베 극장이 이랬었어."라며 옛날 생각을 하는 듯했다.

같은 세대라는 것은 감사한 일이다.

1680일 「듣고 그냥 잊어버리세요」

나이가 들면 기억력이 감퇴한다. 그렇지만 한편으로는 별 쓸데없는 일을 잘 기억하고 있는 것도 사실이다. 그것을 가지고 비꼬아 만든 웃기는 이야기다.

이런 이야기를 읽어 주면 아내는, "잘도 이런 엉터리 이야기를 꾸며 내네?" 하고 웃어 주곤 하였으나……이즈음에는 급속하게 몸 상태가 악화되고 있었기에 희미하게 입꼬리를 올릴 뿐이었다.

1719일 「웰컴 거리」

내 머릿속에는 실제로 먼 옛날에 가족 셋이서 놀러간 유원지가 있었다. 딸은 어렸고, 나와 아내도 젊었다. 개장한 뒤 몇 년 동안은 사람들 입에 오르내렸다. 이런 웰컴 거리 같은 것은 물론 없었지만, 유원지 일주 열차에 타기도 하며 우리는 재미있게 놀았다.

아등바등 애쓰면서도 꿈꿀 미래가 있었던 그때를 되새기

면서도 살짝 눈시울이 젖어 오는 이야기를 만들겠다는 생각으로 썼다.

하지만 다 쓰고 나서 다시 읽어 본 뒤 나는 오싹해졌다. 이 글은 마치 아내에게 건네는 작별 인사 같지 않은가?

아니다.

아내는 내가 그런 마음으로 쓴 글이 아니라는 것을 이해해 줄 것이다. 단순히 파란 하늘 아래에서 가족 셋이 재미있게 놀던 나날에 대한 회고로서 받아들여 주지 않겠는가.

확신이 없는 채 나는 이 이야기를 아내에게 읽혔다. 아내의 잔잔한 쓴웃음이 어떤 마음에서 우러난 것인지……나는 묻지 못했고, 지금으로서는 영원히 알 수 없게 되었다.

1752일 「한밤중의 담배」

이 이야기를 썼을 때, 아내는 이미 입원 중이었다. 지금은 괜찮은 것 같다고 확인하고 나면 나는 가끔 담배를 피우러 1층의 흡연 코너에 갔다.

일반적인 이야기라면 E 씨는 이곳에서 이상한 상황에 맞닥뜨릴 텐데, 이 이야기에서는 그것이 과거의 기억이고 이번에는 일어나지 않는 것으로 되어 있다. 이것은 곧 내 소망과 기대를 뒤집어 표현한 것이었다. 아내가 입원하고 한 번은 거의 건강해졌으나, 이후는 날이 갈수록 죽음에 가까워지고 있는 와중에 이변이든 뭐든 좋으니 이 현실을 바꾸어 줄 무언가가 일어났으면 하는 마음으로 연필을 움직였다(집에서는 만년필을 가지고 항상 쓰는 원고용지에다 썼으나, 그럴 수 없을 때는 가지고 다니던 원고용지에 연필로 썼다).

비상非常과 일상

***

  1997년에 아내가 수술을 받고 입원했을 즈음, 나는 글쟁이로서 이른바 감속기減速期를 한창 지나고 있었다. 옛날부터 나는 허겁지겁 글을 쓰던 몇 년이나 몇 개월이 지나면 제정신으로 돌아와 주위를 둘러보고, 쓰는 것보다 생각하는 것을 중심에 둔 나날이 이어지는 습관이 있었는데…… 그러한 파도 속에서도 사상 최대의 감속 상태에 들어가 있었던 것이다. 거의 정지라고 할 수 있을지도 모르겠다. 어쩌면 이건 나이 때문일지도 모르겠다고 아내와 이야기하기도 했다.

  SF와 같은 장르를 좋아하는 사람이 전부 그렇다고 할 수는 없으나, 내 경우에만 한정해서 말한다면 새로운 현상과 이론, 새로운 기계, 그중에서도 앞으로 세상을 바꿀 것 같은 것에는 무관심할 수가 없었다. 오히려 지나치게 앞질러 가도 좋으니 그런 것들에 대해 생각하고 또 소설의 주제로 삼고자 했다.

그러나 지금 세상이 변화하는 속도는 과거의 몇 배나 된다고 한다. 조금만 신경을 덜 써도 순식간에 혼자 뒤처지기 십상이다.

그때 나는 무척 지쳐 있었다.

그뿐만 아니라, 스스로 뒤처질 만한 짓을 하고 있기도 했다. 몇 년에 걸쳐 긴 연재소설 두 편, 그리고 이어서 또 한 편을 썼던 것이다. 소설 쓰기를 잘 아는 사람에게는 상식이지만, 시작할 때 설정한 테마와 구상, 아이디어 등은 그 작품 속에서는 일관성을 유지해야 한다. 쓰던 중에 세상이나 주변 상황이 바뀌었다고 하더라도 처음 설정을 바꿀 수는 없는 것이다. 다 썼을 때 시대 분위기와 맞지 않거나 어긋나도 어쩔 수 없다. 그것을 연거푸 경험하고 이제 어떻게 되어도 나는 모르겠다는 기분이 된 상태였다(이야기를 짓는 능력이 부족하여 세상의 흐름을 파악하지 못한 것이라고 한다면 긍정할 수밖에 없다. 이 부분에서도 아,

내가 나이가 들었군, 하고 말하고 싶기도 하다).

그리하여 이제 나 자신을 어떻게 다시 바로잡아야 할까 하고 생각하는 동안에도 세상의 변화에는 점점 가속이 붙는다.

무엇이 튀어나올지 예상하기 어려운 것은 내가 손을 놓고 있으니 어쩔 수가 없다.

그러나 전체적으로 따져 보았을 때 다음에는 어떤 것이 중시되고 무엇이 각광을 받을지에 대해 내다보는 것 역시 어려워졌다. 마치 번개처럼, 저쪽이 번쩍였다 싶으면 금방 사라지고 이번에는 전혀 다른 곳이 클로즈업된다.

달리 표현하자면, 무엇인가 새로 나와서 그것을 더 추구하고 심화해야겠다고 생각하다 보면 어느새 다음 새로운 것이 활개를 치는 것이다.

그러고 보면 예전부터 오늘날은 아직 가능성이 있는 것을 전부 소화시키지 못한 채 묻어 버리고 그다음에 나온 신기한 것으로 옮겨 간다는 말이 있었는데……그러한 현상이 점점 심해지고 있는 것이다.

나에 대한 이야기로 돌아오자.

내가 쓰고 싶었던 것, 이제까지 썼던 것은 이미 세상에 뒤처진 것 같은 느낌이었다. 이렇게 되면 안 팔려도 되니 내 마음대로 써볼까 하고 나는 생각하게 되었다.

"그래도 괜찮잖아."

아내는 말했다.

애초에 아내는 이른바 자연스러운 것을 좋아했고 성실한 성격이었다. 앞을 다투어 손에 움켜쥐는 것이 아니라 오는 것을 차근차근 처리하는 타입이었던 것이다.

아내와 같은 관점에서 보아도 무언가 나올지도 모른다, 지금은 감속 상태를 유지하며 앞으로의 방향을 모색할 때다, 하고 나는 생각했다.

마음을 정리하기 위해 아내와 동북 지방으로 짧게 여행을 다녀오기도 했다.

그러고 나서 1개월 뒤에 아내가 발병한 것이다.

그런 상태였기에 매일 한 편을 쓴다는 것에 대해 나는 한 점 주저도 없었고 의무감 같은 것도 없었다. 그것은 그야말로 나에게 있어 '쓰고 싶으니까 쓰는' 글이었던 것이다. 아내가 필요 없다, 읽기 싫다고 했다면 어떻게 되었을지……대신할 만한 다른 방법을 내가 고안할 수 있었을지……는 잘 모르겠다.

그러한 의미에서 글을 쓸 때의 규칙도 내가 자발적으로 정한 것이었고, 그런 제약을 설정함으로써 열심히 써야겠다는 마음이 더 강해졌다고도 할 수 있다.

갓 시작한 시점에서 나는 이미, 그런 글을 씀으로 인해 다른 사람에게 놀림당하거나 손가락질을 받으리라는 것은 각오하고 있었다. 그러나 앞에서도 썼다시피 다른 사람이 어떻게 생각하든 내 알 바 아니다, 이것은 나와 아내 사이의 일이라고 굳은 판단을 내렸던 것이다. 그래서 무슨 말을 들어도 신경 쓰지 않겠다고 생각했으나, 어떤 사람의 편지에서 '피에로의 슬픔이 느껴집니다'라는 문장을 읽었을 때는 움찔했다. 그런 말을 하다니, 연기를 하고 있다는 생각은 털끝만큼도 없고 팔 수 있을 만한 원고를 쓰기 위해 철저하게 노력했는데……그렇게 보는 사람이 있어도 이상하지는 않다. 그 편지를 쓴 분의 날카로운 감성을 느끼면서도, 한편으로 나는 편지를 읽은 아내에게 "그렇게 보이나?" 하고 투덜거렸고 아내는 희미하게 웃음 지었다.

핸드폰─휴대 전화를 가진 적이 없는 나였지만 외출 중에 아내에게 무슨 일이 있으면 안 되니 가지고 다니기로 했다.

그러나 그 밖에 새로 등장한 기계들은 아내가 원하지 않는 이상 구비하지 않기로 했다. 섣불리 생활에 변화를 주기보다 지금까지 보낸 일상생활을 계속하는 편이 아내의 마음이 안정되는 데 도움이 되리라고 생각했기 때문이다.

어쨌든, 아내에게 남은 날은 한정되어 있다.

그 조금 남은 하루하루는 무척 귀중하다.

나는 책상 앞의 일력日曆에 매일,

'하루하루를 소중하게.'

라는 스티커를 붙이는 것이 습관이 되었다. 그것을 마음에 새기고 사소한 일로 속상하게 하거나 화나게 하지 말아야겠다고 결심했던 것이다(그러나 인간이란 자기 생각처럼 되지는 않는 생물이라, 종종 실수했다 싶어 후회했다는 것을 고백해야겠다).

여하튼 나와 아내는 필요 이상으로 병에 대한 말을 입에 올리지 않고 이제까지와 같은 생활을 보내기 위해 노력했다. 때때로 집에 와서 며칠을 같이 지내는 딸도 마찬가지였다.

그리고 내 생각에는 아내도 그것으로 좋은 것 같았다. 당연하게도 몇 년 정도 앞의 일에 대해서는 (나도 신경을 썼고) 언급하지 않게 되었다. 게다가 일상 속에서 자연스레 생각나는 친구나 친척의 에피소드는 그렇다 치더라도, 옛날 일을 별로 이야기하지도 않았는데……원래 과거를 돌이키며 감개에 젖는 성격이 아니었던 것도 있겠지만, 자신의 일생을 반추하는 것 같은 행위를 하기 싫었던 것은 아닐까(이것은 세상을 떠날 때까지 변하지 않았다. 그런 이야기를 자분자분 늘어놓는 것은 자기 손으로 삶의 막을 내리는 행동처럼 느껴졌을 터이다).

아내의 몸 상태의 좋고 나쁨이나 병세의 변화에 따라 기복은 있었으나 기본적으로는 그런 나날이 이어졌다.

나는 병원에 갈 때나 먹을 것을 사러 갈 때 등에 있어 아내를 최우선에 두고, 짬을 내서 매일 글을 썼다. 그러면서 나이 탓인지 다른 까닭이 있는지 몰라도 내 시력이 점차 떨어졌는데 당시에는 거기에 대해서는 별로 의식하지 않았다.

우리가 있을 곳과 우리가 사는 방식을 확보하여 이러한

생활을 계속하다 보니, 왠지 모르게 주위를 도려내고 우리끼리 사는 것 같은 감각이 형성되게 되었다.

처음에 아내는 나와 딸과 함께, 또는 혼자서 곧잘 밖에 나가곤 했다. 식당에 가기도 하고, 나라奈良에 놀러 가기도 하고, 친구와 모임을 가지기도 했다. 그러나 1년, 또 1년이 지나면서 병세가 무거워짐에 따라 그러기는 힘들게 되었다. 그래도 자리보전만 하는 것이 아니라 텔레비전을 보려는 등의 노력을 하면서 날더러는 더 밖에 나가라는 말을 했다. 바깥의, 집 안에는 없는 정보와 분위기가 알고 싶었던 것이리라.

나 역시 그런 것은 느낄 수 있었기에 그때그때 상황을 보고 판단하기로 했다. 대학교에 가는 스케줄은 지키려고 했고, 가라고 등을 떠미는 바람에 모임에 나가기도 했다. 그러나 앞일에 대해서는 무슨 일이 생길지 예단할 수가 없었으므로, 몇 개월 이후의 일정은 아슬아슬한 순간까지 기다리다 참석 여부를 답하게 될 수밖에 없었다.

그것은, 이상한 비유지만 내면이 흐리멍덩한 우윳빛으로 빛나는 공 속에 있는 것과도 같은 느낌이었다.

여하튼 장래에 대해서는 생각하지 않기로 하고, 지금을

살았던 것이다.

하나의 가정으로서 이것은 이미 일상이 아니라 비일상적인 나날이다. 지속되는 비상사태와도 같다.

그러나 그렇다고 해서 슬픔에 잠기거나 운명을 저주해봤자 어쩔 도리가 없다. 최선의 수단을 강구하며 평소대로 살고, 종말의 날을 가능한 한 나중으로 미룰 수 있도록 노력할 수밖에 없다.

언제부터인가 나는 이러한 비상사태를 일상으로서 받아들이게 되었다.

그날그날을 일상으로 삼는 것이었다.

아내가 멀리 나가지 못하게 되든, 이제 장을 보러 가는 것도 힘든 상태가 되든 처음부터 그랬다, 이것이 우리에게 있어 쭉 이어져 온 일상이었다, 라고 생각하면 되지 않은가.

언덕을 내려가는 듯한, 또는 쓰러지기 직전의 팽이가 천천히 회전하는 것 같은 하루 단위의 일상.

매일 짧은 이야기를 쓰는 데 있어 내가 세운 규칙 중에, 어떤 이야기든 이야기 속에 반드시 일상과 이어지는 부분이 있도록 한다는 것이 있었다. 이 작업에 대한 나의 자세를 명시하기 위한 것이었으나……그 일상이라는 것이 이런 식으로 바뀌게 되면 이야기를 만드는 토대도 조금씩 변질될 수밖에 없다. 나 스스로 그것을 감지하고 있었으나 그렇다고 하더라도 어쩔 도리가 없다. 나는 이제까지 유지해 온 감각으로 계속 글을 썼다. 비뚤어지고 일그러진다고 하더라도, 그것은 그때마다의 양상을 반영하고 있으니 그 나름대로 괜찮지 않은가 하고 오기를 부리게 된 것이다.

바꾸어 말하면 이것은 특수한 상태의 무대, 그것도 점점 특수화되어 가는 무대 위에서 춤추는 것이나 마찬가지였다.

그러나 어차피 춤을 출 거라면 내 딴에는 온 힘을 다하면 된다, 내 딴에는 새로운 궁리도 하면서 마지막까지 열심히 하면 된다고 나는 마음을 정했던 것이다.

이러한 노력은 아내가 아주 절망적인 상태가 되어 세상을 떠나고 말았을 때에 이르러 와르르 붕괴하게 되지만…….

그리고 이 시점에서 나는, 서두에도 적었다시피, 아내의 발병에서 임종까지의 약 5년이라는 세월이 아내와 남편으로서 보낸 마지막 시간인 동시에 글쟁이로서의 나에게 특별한 인생의 한 페이지라고 할 만한 시기였다고 여기고 있다.

하루 한 편의 끝

자기 주석

마지막 작품(?)—스스로 만든 규칙을 내팽개치고 날것 그대로의 마음을 드러내고 만 작품들이다.

1175일 「이야기를 읽어 주다」
설명은 필요 없을 것이다.

1177일 「오늘도 쓴다」
사실을 거의 있는 그대로 썼기에 에세이라는 소리를 들어도 하는 수 없다. 그러나 안타깝게도 아내의 목소리는 들리지 않았다.

며칠 전부터 쓴 글을 소리 내어 읽어 주는 것은 포기하고 있었으나, 이 글만큼은 침대 머리맡에서 진지하게 낭독했.

쓴 시간은 이른 아침이었고, 그날 밤 12시 55분에 아내는 숨졌다.

마이니치 신문에 게재되었다.

1778년 「마지막 회」

집 복도에는 아내의 시신이 있었다.

2층 책상에서 글을 썼다.

태반이 백지였으나, 바른 글씨로 쓰려다 몇 번을 다시 썼다.

요미우리 신문에 게재되었다.

1775일 이야기를 읽어 주다

오늘치 글을 다 쓴 그는 샤프를 내려놓았다.

병실이었다.

아내는 잠들어 있었다.

사흘 동안 거의 잠만 자고 있었다.

그가 쓰던 것은 짧은 이야기였다. 아내가 병에 걸리고 얼마쯤 지난 뒤부터 매일매일 썼다. 환자의 마음을 배려하여 심각한 내용이나 어두운 이야기는 쓰지 않는다.

이야기가 완성되면 아내에게 보여 준다. 아내는 웃기도 하고 비평을 살짝 들려주기도 한다.

그것을 지금까지 계속해 왔다.

그러나 약해질 대로 약해져서 입원하게 된 현재, 아내는 이제 원고를 손에 들고 스스로 읽을 수 없게 되었다. 환자의 몸 상태를 보고 괜찮아 보일 때면 그가 소리 내어 읽어 주고는 했다.

그처럼 무슨 의식 같은 짓은 안 하는 게 나을지도 모른다.

하지만 지금까지 쭉 해오던 것을 중단하면 나쁜 결과가 찾아올 것만 같은 생각에 계속하다 보니 지금에 이르렀다.

그리고 최근 사흘간……아내는 도저히 이야기를 들을 만한 상태가 아니었기에, 쓰기는 쓰되 읽어 주지는 못하고 원고를 놔둔 채였다.

이와 같이 이제 아내가 읽지 못할지도 모르는 원고를 쓰면서, 그는 적어도 쓰는 동안만큼은 아내와 오랫동안 함께 생활하며 겪었던 에피소드와 추억을 머리에서 쫓아내려고 애쓰고 있었다. 그것보다도 가능한 한 아내가 재미있어 할 이야기를 쓰는 데 마음을 집중하고 글을 쓰는 데 전념했던 것이다.

의자에 기대어 앉아 잠깐 졸았던 것 같다.

정신이 들자 아내가 눈을 뜨고 이쪽을 보고 있었다.

원고에 눈길을 주고 있는 것 같은 느낌이었다.

"읽을래?"

그가 말했다.

아내가 고개를 끄덕인 듯했다.

"어디서부터 읽을까?"

그가 또 물었다. 쓰기는 했지만 아직 아내가 듣지 않은 이야기가 오늘까지 다 해서 3편이 쌓였다.

아내는 어디서부터 읽든 괜찮다는 듯한 표정을 지었다.

그는 의자를 침대 쪽으로 끌어당긴 뒤, 방금 완성한 이야기가 제일 잘된 것 같았기에 그것부터 읽기 시작했다.

그런데.

거기서 잠이 깼다.

그는 다 쓴 원고를 앞에 두고 깜박 잠이 들었던 것이다.

아내는 괴로운 듯한 얼굴로 잠들어 있었다.

꿈이었나.

그는 의자에 기대어 앉았다.

잠시 후 그는 아내가 이쪽을 보고 있다는 것을 눈치챘다.

원고 낭독을 들을 수 있을 만한 상태가 아닐 텐데, 원고에 눈길을 주고 있었다.

"읽을래?"

그가 말했다.

아내가 고개를 끄덕인 것 같았다.

그는 의자를 침대 곁으로 가지고 가서 낭독을 하려고 했다.

그러나 거기에서 또 꿈이었다는 것을 깨달았다.

아내는 잠들어 있었다.

그는 벽시계를 보았다.

1시 반.

오전 1시 반이었다.

그는 몸에서 힘을 뺐다.

잠들면 아내에게 원고를 읽어 주는 꿈을 꿀 것이다.

몇 번이든 거듭하여 꿀 것이다.

그러나 언젠가 그것이 꿈이 아니라 현실이 될지도 모른다.

그렇게 되기를 기다리면 되는 것이다.

그는 의자에 등을 천천히 기댔다.

2002년 5월 15일

1777일 오늘도 쓴다

이른 아침, 그는 병원을 나와 근처 찻집으로 향했다.

아내는 의식 불명이었는데, 몇 시간 동안 상태에 변화가 없었다. 혹시라도 급변이 있으면 침대 옆에 있는 딸이 병원 공중전화로 그의 휴내 전화에 전회를 걸 것이다.

아내가 병에 걸린 뒤부터 그는 아내에게 활력을 주기 위해 매일 한 편 짧은 이야기를 계속 썼다.

목적이 목적인만큼, 아내의 마음이 어두워지거나 얼굴이 찌푸려질 것 같은 이야기는 최대한 쓰지 않으려고 노력했다. 그리고 또 하나, 현실을 그대로 베낄 것이 아니라 지어낸 이야기를 쓰겠다고 약속하였다.

읽고 나서 아내는 아하하 하고 웃을 때도 있고 빙긋 미소지을 때도 있지만 때로는 완성도가 낮다며 내용을 꼬집을 때도 있다. 정당한 주장일 경우에는 다른 아이디어를 가지고 다시 쓴다. 또 재미있는 이야기가 생각나지 않아서 약속을 어기고 에세이 비슷한 작품을 쓰게 될 때도 있는데, 아내는 그럴 때마다 "이거 에세이 아냐?"라며 나무라고는 한다.

원고는 기본적으로 집에서 쓰지만 아내가 병원에서 점액을 맞는 날 그가 동행했을 경우에는 병원 옆 찻집에서 쓰는 것이 관례였다.

처음 몇 번은 그렇다 치더라도, 아내에게 있어 매일 이야기를 읽어야 한다는 것은 성가신 일이었을 수도 있고 부담이 되었을지도 모른다. 그러나 이미 행사처럼 자리 잡은 이야기 쓰기를 중단하면 좋지 않은 일이 일어날 것만 같아서 지금까지 계속해 온 것이었다.

세월이 흐르고 점차 병세가 악화된 아내는 다니던 병원에 입원했다.

당장은 회복한 것처럼 보였지만 시간이 지나면서 급속도로 악화되어 갔다.

그래도 그는 매일 이야기를 썼다. 이제 자기 힘으로는

글을 읽을 수 없는 아내에게 소리 내어 읽어 주었다. 아내는 꾸벅거리며 정신을 놓치면서도 들어 주었다.

그러나 아내가 의식 불명이 되고 나서는 그것마저 허락되지 않게 되었다. 지난 이틀 동안은 이야기를 썼을 뿐, 들려주는 것은 포기해야 했다.

그리고 어제부터 오늘에 걸쳐 아내의 생명이 꺼질 것은 명백해졌다.

그럼에도 불구하고, 아니 바로 그렇기 때문에 그는 글을 쓰기 위해 휴대용 글쓰기 도구를 가지고 이 찻집에 온 것이었다.

셀프 서비스 토스트와 커피 접시를 테이블에 놓고 그는 생각을 엮어 가기 시작했다.

여기에서 글을 쓴 나날이 머릿속에서 되살아났다.

지난날 이야기를 완성하고 병실에 돌아가면 대체로 아내는 점액을 다 맞고 기다려 주고 있었다.

아니, 그런 것을 회상해 봤자 소용이 없다.

이야기다.

아내가 들어 주지 못할 것은 알고 있지만, 이야기를 써야 한다.

아이디어가 나오지 않는다.

빨리 병실에 돌아가야 한다고 생각하면 생각할수록 머릿속에 새하얘졌다.

그는 조바심이 났다.

그러던 그의 눈앞에서 모닝 세트 접시를 손에 든 젊은이가 어쩌다 발이 미끄러져 넘어졌다.

이야기로 쓸 것은 이런 것밖에 없다.

그는 그 순간까지 그의 심경이 어땠는지, 그리고 그 해프닝에 의해 일어난 기묘한 마음의 혼란을 소재로 이야기 한 편을 완성하였다.

병실에 돌아오자 나왔을 때와 마찬가지로 아내는 깊은 잠에 빠져 있었다. 의사에 따르면 이제는 아픔도 거의 느끼지 않게 되었을 거라고 하는데, 이를테면 잠시 동안 저공 수평 비행을 하고 있는 상태와도 같다고 했다.

"다 썼어?"

이렇게 묻는 딸에게 그는 고개를 끄덕였다. 딸은 원고 내용 자체에는 관심이 없었으나 어머니와 아버지가 이제까지 지속해 온 의식을 존중하고 있었다.

그가 돌아와 교대하자 이번에는 딸이 식사를 할 차례였다.

그는 쓴 원고를 창가에 두고 아내의 침대 옆에 걸터앉았다.

아내는 변함없이, 이제는 깨지 않을 수면을 계속하고 있었다.

피곤했다.

간병 때문에 수면 부족 상태이기도 했다.

침대 모서리에 기대어 꾸벅꾸벅 졸고 있었다.

무슨 기척이 느껴져 그는 얼굴을 들었다.

돌아보자 조금 열어 놓았던 창 사이로 불어온 바람에 원고가 흩어져 바닥에 뿔뿔이 떨어져 있었다.

그는 줍기 시작했다.

그때.

"그거 에세이 아냐?"

틀림없는 아내의 목소리가 들렸다.

건강했던 시절의 힘찬 목소리.

그는 침대의 아내를 쳐다보았다.

아내는 그저 잠들어 있을 뿐이었다.

그러나 목소리는 확실히 들렸다.

그는 제정신으로 돌아왔다.

환청일 테다.

하지만 환청이라도 좋지 않은가? 나에게 있어서는 진짜 아내의 목소리였던 것이다. 나에게는 정말 들렸던 목소리였던 것이다.

"미안, 미안. 잘못 썼어."

그는 침대에 누운 아내에게 말을 걸며 원고를 다시금 주워 모으기 시작했다.

2002년 5월 27일

1778일 「마지막 회」

결국 마지막 회가 되고 말았습니다.

아마 많이 귀찮기도 하고 번거롭기도 했을 겁니다.

오늘은 지금의 당신이라면 읽을 수 있는 방식으로 쓰겠습니다.

어떠셨나요?

오랫동안 고마웠습니다.

다음에 또 같이 삽시다.

2002년 5월 28일

조금 긴 후기

사실 『아내에게 바친 1778가지 이야기』라는 이 책의 제목은 매일 이야기를 쓰고 아내가 읽어 주던 당시의 마음과는 조금 다르다. 나는 매번 단 한 명의 독자인 아내의 테스트를 받는 느낌이었기에 '바친다'는 생각은 전혀 없었던 것이다.

그러나 아내가 세상을 떠난 이제는 그렇게 생각해도 되지 않겠느냐고 딸에게 조언을 받기도 했고, 방에 쌓아 놓은 원고를 바라보던 사이에 바쳤다는 셈 치자는 결론에 이르게 되었다.

병에 걸린 아내를 위해 매일 짧은 이야기를 하나씩 쓴다는 것에 대해 사람들은 어떻게 생각할까?

갸륵한 마음씨다.

애처가다.

로맨틱하다.

안타깝다.

힘들었겠다.

그런 일을 해봤자 무슨 소용이 있지?

시간이 남아도는가 보군.

주위에 폐를 끼치는 짓이다.

그 밖에도 각양각색, 천차만별이리라. 나와 얼굴을 맞대고서 그런 말을 할 수 있을지는 논외로 치더라도 말이다.

그러나 남들에게 어떻게 보이든 내 알 바 아니었다. 내가 내 마음대로 하고 있는 일이었고, 다른 사람의 시선을 신경 쓸 여유 같은 것은 없었던 것이다.

하지만 내가 한 일에 있어 '아내 한 명만을 위해서'라는 것이 지나치게 강조되면 나는 복잡한 기분이 되고 만다. 맞는 말이기는 하지만, 내 마음은 단지 그렇지만은 않았기 때문이다.

그렇다. 나는 매일 이야기를 썼다. 독자가 병에 걸린 아내였던 만큼 이야기의 내용에는 스스로 규칙을 설정했다.

아내 입장에서는 허울만 좋은 작품, 아무 데나 굴러다닐 것 같은 작품, 가족끼리만 보고 말 수준의 작품은 읽고 싶지 않았을 것이 틀림없다. 소설을 써서 먹고 사는 내가 바깥일을 최소한으로 줄이고 원고용지와 씨름하고 있는 이상 결과물은 외부에서도 통할 수 있을 제대로 된 작품이어야 하며, 그런 생각을 바탕으로 쓰인 작품이기에 비로소 읽는 것이어야 했다. 아내를 위한 '위안거리'가 아니라 '일'이어야 했던 것이다. 그래서 아내는 이 내용은 다른 사람이 보기에는 이해가 안 되지 않을까 싶은 이야기가 나오면 꼬집어 말해 주었다. 지적을 받은 나는 새로운 아이디어를 구상하거나 표현을 바꾸어 다시 쓰고는 했다.

그러한 의미에서 '아내 한 명만을 위해'라는 것은 사실이면서도 사실의 전부는 아니라는 것이다.

그렇기는 하지만 현실적으로 이야기를 읽어 주는 사람은 아내 한 명이긴 했다. 오랫동안 함께 살아온 아내와 나의 사이에는 암묵적 합의가 있는가 하면 의견을 달리하는 부분도 있었다. 그렇다는 것을 잘 알고 있는 상태에서 아내를 대상으로 삼은 글을 썼을 때, 타인이 보기에도 재미있는 내용이리라는 법은 없는 것이 당연하다. 원래 소설과 같은 이야기는 독자 한 명 한 명이 어떻게 받아들이는지가 다르기 마련이다. 게다가 아내를 의식하고 쓴다면(원래 내가 쓰는 글의 특징도 있고 하니), 아내가 이야기를 읽고 느끼는 것과 타인이 느끼는 것의 차이는 더더욱 벌어지게 되는 것이다.

실제로 이야기가 책으로 나온 뒤에 다양한 분들의 눈을 거치게 되면서 나는 그것을 새삼스레 깨달을 수밖에 없었다.

클라이맥스가 약하다든지, 너무 일상적이라 이야기가 단조롭다는 감상을 들려준 사람도 몇 명 있었다.

하지만 반대로 그런 점이 좋다고 말해 준 사람이 상당수 있었던 것도 사실이다. 이전부터 내 책의 독자로서 적극적으로 지지해 주었던 사람의 예도 적지 않았으나, 그뿐만 아니라 새롭게 내 책에 관심을 보여 준 사람도 나타났다. 그 중 다수는 나와 아내와 나이가 비슷하거나 더 많은데다가, 문학과는 그리 연이 없고 현실에 충실한 삶을 살아온 사람들이었다. 자신의 경험을 통해 느낀 것들, 현실 속에서 생각한 것들을 토대로 책의 내용에 공감할 수 있었던 것이리라.

여기까지는 아내를 제외한 독자들, 아내 다음으로 이야기를 읽게 된 사람들에 대한 글이었다.

 내가 쓴 이야기를 읽은 아내의 반응이 꼭 예상한 대로 나타난 것은 아니었다는 말을 앞에서도 했다시피, 아내에게 읽히기 위한 글인 만큼 아내의 마음을 생각하면서 썼는데도 빗나가는 일이 종종 있었다.

 우리의 결혼 생활은 길었다. 초기에는 만날 싸웠지만 세월이 지나면서 그렇구나, 그게 그런 뜻이었구나 하고 깨닫거나 이제 그 말이 나오겠지 하고 예측한 것이 그대로 실현되는 일이 많아졌다. 그리하여 점점 서로를 더 잘 알게 된 것이다. 세상 부부들이 으레 거쳐 가는 행로를 우리 역시 더듬어 가고 있었던 것이 아닐까 싶다. 따라서 어느 정도 서로의 마음을 헤아릴 수 있게 되었을 터이다……나는 그렇게 여기고 있었다.

 그런데 매일 이야기를 한 편씩 써서 아내에게 읽히다 보니, 정말 그랬던 것일까 하고 때로 생각해 보게 되었다. 아내에 대해 대략적으로는 알고 있어도 뜻밖에 잘못 알고 있는 부분이 있을지도 모르겠다는 느낌이 들었던 것이다. 본시 같이 사는 부부라고 하더라도 실제로는 대개 그렇지 않을까 싶다. 그것이 그때와 같은 한계 상황에 직면했을 때 눈에 보이게 되었다고 할 수 있으리라.

하루 한 편 이야기를 써서 읽히는 것이 사실 아내에게 부담으로 다가오지나 않았을까?

이야기 쓰기뿐만이 아니라, 기억이 하나하나 되살아날 때마다 그때 그렇게 하면 좋지 않았을까 하는 후회가 몰려온다. 게다가 무엇이 정답이었을지 아직까지 모르고 있다. 그리고 이제 와서 확인할 도리도 없다.

그러나.

나는 암에 걸린 당사자가 아니었다.

그런 내가 아내의 심경을 아무리 헤아리려고 해도 진실을 전부 알 수는 없는 것이다.

그리고……나는 생각한다. 사람과 사람이 서로 믿고 함께 살아가기 위해서 상대방의 마음 구석구석까지 꼭 알아야 할 필요는 없다고. 삶을 사는 근간, 바라보는 방향이 같기만 하면 된다. 우리 역시 그랬을 것이다. 그것으로 족하지 않은가.

머지않아 아내의 삼주기가 된다.

매일 짧은 이야기를 썼던 것에 대해서도, 내가 할 수 있는 일은 그것밖에 없었다고 현재의 나는 생각하기로 했다.

그리고 그 5년간은 우리 부부에게 있어서도, 또 나 자신이 글쟁이로서 살아온 생애 속에서도 한 획을 그은 특별한 시기였다. 그저 흘러가는 세월이 아니었던 것이다.

아내에게 전한다. 읽어 줘서 고마워.

마칠 때가 되었습니다. 이 책을 내는 데 있어 여러 모로 조언을 해주신 신쵸샤 편집부, 죽은 처 에쓰코와 저를 도와주시고 염려해 주신 여러 분들, 그리고 딸 무라카미 도모코에게 고개 숙여 감사드리고 싶습니다.

2004년 5월

마유무라 다쿠

◆기록―1997~2004년

1997년	6.12~7.2 에쓰코 부인 입원, 수술
	7.16 매일 이야기를 쓰기 시작하다
	(No.1「바둑 묘수풀이」)
	8.19 온 가족이 시라하마白浜로 여행을 가다
1998년	5.20『날마다 한 편』(출판예술사) 출간
	8.16 온 가족이 시라하마로 여행을 가다
	9.18『날마다 한 편 두 번째 권』출간
1999년	5.20~26 부부, 영국으로 여행을 가다
	7.1 에쓰코 부인, 절제 수술
	8.23~9.22 에쓰코 부인 입원, 수술
2000년	8.8『일과·하루 3매 이상』제1권 출간
	10.7 온 가족이 이즈伊豆, 시모다下田로 여행을 가다
2001년	3.21~28 에쓰코 부인, 입원
	9.18 '마유무라 다쿠·에쓰코 부부를 응원하는 파티'
	(도쿄회관)
2002년	4.15 에쓰코 부인, 입원
	5.28 에쓰코 부인, 사망
	같은 날 이야기 No.1778「마지막 회」집필
2004년	5.20『아내에게 바치는 1778가지 이야기』출간
	5.28 에쓰코 부인, 삼주기

옮긴이 **임정은**

고려대학교에서 언론학과 사학을 전공하고 와세다대학교 문화구상학부에서 1년간 수학했다. 현재 출판업계의 언저리에서 번역을 주로 하고 있다. 옮긴 책으로 『아빠는 뺑쟁이』 등이 있다.

asachild@gmail.com

아내에게 바치는 1778가지 이야기

지은이 마유무라 다쿠　**옮긴이** 임정은
발행일 2011년 7월 15일 초판 1쇄
발행처 다반　**발행인** 노승현
주소 서울시 금천구 가산동 470-5 에이스테크노타워 10차 1003호
전화번호 02-868-4979　**팩스** 02-868-4978　**이메일** davanbook@naver.com
출판등록 제2011-08호 (2011년 1월 20일)

ⓒ 다반, 2011
ISBN 978-89-966109-1-5 03830